PERAYAAN SEBENAR MASAKAN TROPIKA

100 Hidangan Menarik dari Sunny Shores ke Meja Anda

SAU WOON MAT

Bahan Hak Cipta ©2024

Hak cipta terpelihara

Tiada bahagian buku ini boleh digunakan atau dihantar dalam apa jua bentuk atau dengan apa cara sekalipun tanpa kebenaran bertulis yang sepatutnya dihantar oleh penerbit dan pemilik hak cipta, kecuali petikan ringkas yang digunakan dalam semakan. Buku ini tidak boleh dianggap sebagai pengganti nasihat perubatan, undang-undang atau profesional lain.

ISI KANDUNGAN

ISI KANDUNGAN 3
PENGENALAN 6
SARAPAN TROPIKA 8
   1. Telur Dadar Tropika 9
   2. Puding Chia Nanas 11
   3. Roti Bakar Perancis Tropika 13
   4. Wafel Emas dengan Buah-buahan Tropika 15
   5. Krêpes buah tropika 18
   6. Puding Kelapa Tropika 20
   7. Pancake Tropika 22
   8. Mangkuk Yogurt Tropika 24
   9. Mangkuk Smoothie Buah-buahan Tropika 26
   10. Lempeng Kelapa Mangga 28
   11. Mangkuk Acai Tropika 30
   12. Mangkuk Sarapan Kuinoa Mangga Kelapa 32
   13. Sarapan Parfait Limau Betik 34
   14. Burrito Sarapan Tropika 36
   15. Roti Pisang Kelapa 38
   16. Taco Sarapan Tropika 40
   17. Roti Bakar Avokado Tropika 42
SNEK TROPIKA 44
   18. Campuran Snek Tropika 45
   19. Ceviche Cocktail Tropika 47
   20. Gigitan Protein Lemon Tropika 49
   21. Piza Walnut Tropika 51
   22. Bebola Tenaga Kelapa Nanas 53
   23. Kebab Buah Tropika 55
   24. Popcorn Limau Kelapa 57
   25. Limau Kelapa Guacamole 59
   26. Udang Kelapa 61
   27. Bar Granola Tropika 63
   28. Gulung Salsa Mangga Tropika 65
   29. Lidi Nanas Bakar 67
   30. Gigitan Pisang Kelapa 69
   31. Celup Yogurt Tropika 71
   32. Salad Buah Tropika 73
UTAMA TROPIKA 75
   33. Salad buah tropika berkrim 76
   34. Ayam Nanas Tropika 78
   35. Rasa Udang Tropika 80
   36. Babi Bakar Caribbean dengan Salsa Tropika 82

37. Ekor udang galah dengan buah tropika panggang 84
38. Salad Kacang Hitam Tropika dengan Mangga 86
39. Mangkuk Nasi Tropika 88
40. Kebab babi tropika 91
41. Babi Jeruk Jamaica 93
42. Tauhu Kari Mangga 95
43. Salad Habbatus Sauda Caribbean dan Mango Quinoa 98
44. Ayam Teriyaki Hawaii 100
45. Kari Udang Limau Kelapa 102
46. Kambing Kari Jamaica 104
47. Taco Ikan gaya Caribbean 107
48. Salmon Kacang Mangga 109
49. Kari Sayur Caribbean 111
50. Ayam Jerk dengan Mango Salsa 114
51. Tulang Rusuk Babi BBQ Hawaii 116
52. Steak Bakar Caribbean dengan Salsa Nanas 118

PENJERAHAN TRAPIKAL 120
53. Pavlova buah tropika 121
54. Sorbet Margarita Tropika 123
55. Gelato Tropika Kelapa & Nanas 125
56. Sedikit tropika 127
57. Ais Krim Gulung Tropika 129
58. Mousse Buah Tropika 131
59. Serbet buah tropika 133
60. Mango Coconut Chia Popsicles 135
61. Mango Coconut Panna Cotta 137
62. Kek cawan Piña Colada 139
63. Markisa Mousse 141
64. Nasi Melekit Mangga 143
65. Kek Keju Jambu Batu 145
66. Kek Terbalik Nanas 148
67. Makaroni Kelapa 151
68. Aiskrim Kelapa Nanas 153
69. Puding Beras Kelapa 155
70. Tart Kelapa Mangga 157
71. Sorbet Limau Betik 160
72. Puding Pisang Kelapa 162
73. Renyah Kelapa Nanas 164

MINUMAN TROPIKA 166
74. Air Tropika 167
75. Syurga tropika 169
76. Teh ais tropika 171
77. Smoothie Hijau Tropika Pedas 173

78. Smoothie Tangerin Tropika 175
79. Smoothie Quinoa Tropika 177
80. Tropicala 179
81. Piña Colada 181
82. Strawberi Daiquiri 183
83. Margarita Tropika 185
84. Blue Hawaiian Mocktail 187
85. Mango Mojito Mocktail 189
86. Limau Kelapa 191
87. Sangria Tropika 193
88. Penyejuk Limau Tembikai 195
89. Teh Hijau Mangga 197
90. Tumbukan Tropika 199
91. Teh Ais Bunga Raya 201
92. Kopi Ais Tropika 203

PERASAAN TROPIKA 205

93. Nanas-Betik Salsa 206
94. Mangga Salsa 208
95. Ketumbar Kelapa Chutney 210
96. Tamarind Chutney 212
97. Mentega Buah Markisa 214
98. Pembalut Biji Betik 216
99. Sos BBQ Jambu Batu 218
100. Sos Habanero Mangga 220

PENUTUP 222

PENGENALAN

Manjakan deria anda dalam pelayaran masakan yang melangkaui sempadan dan membawa anda ke pantai tropika yang dibasahi matahari dengan "Perayaan sebenar masakan tropika". Buku masakan ini merupakan perayaan mewah dengan rasa yang jelas dan pelbagai yang mencirikan masakan tropika—kaleidoskop citarasa yang menari di lelangit dan membangkitkan semangat keseronokan destinasi yang cerah. Dengan 100 resipi yang disusun rapi, koleksi ini adalah pasport anda untuk menikmati kelimpahan buah-buahan eksotik, rempah ratus aromatik dan tradisi masakan yang kaya yang mentakrifkan gastronomi tropika.

Tutup mata anda dan bayangkan landskap yang dihiasi dengan pantai yang dikelilingi pokok palma, perairan biru dan pasar yang meriah yang penuh dengan keseronokan tropika. Sekarang, buka buku masakan ini, dan biarkan ia menjadi panduan anda untuk mengubah dapur anda menjadi syurga tropika. "Perayaan sebenar masakan tropika" adalah lebih daripada perjalanan kulinari; ia adalah penerokaan permaidani bertenaga yang ditenun oleh tradisi masakan Caribbean, Kepulauan Pasifik dan Asia Tenggara.

Dari seteguk pertama koktel berasaskan kelapa yang menyegarkan hingga suapan terakhir pencuci mulut buah tropika yang lazat, setiap resipi adalah bukti kegembiraan, perayaan dan kekayaan yang mentakrifkan masakan tropika. Sama ada anda menganjurkan perhimpunan di tepi pantai yang meriah, mencipta jamuan untuk orang tersayang, atau sekadar ingin menyemai hidangan harian anda dengan semangat pulau, resipi ini direka untuk membawa perayaan tropika ke meja anda.

Sertai kami sambil kami menyelami dunia yang subur dengan bahan-bahan tropika, rempah ratus yang bertenaga, dan seni perayaan melalui hidangan yang lazat. Berlatarbelakangkan langit biru dan pantai berpasir, "Perayaan sebenar masakan tropika" menjemput anda untuk memulakan aktiviti kulinari yang menangkap intipati pantai yang cerah dan mengangkat hidangan harian anda kepada perayaan perayaan.

Jadi, tetapkan meja anda dengan warna yang mengingatkan kepada laut biru dan flora tropika, kumpulkan bahan-bahan anda, dan biarkan sambutan bermula sambil kami menyelami keajaiban masakan tropika yang menanti dalam halaman buku masakan ini. Bersedia untuk menikmati kegembiraan, rasa, dan perayaan muktamad masakan tropika!

SARAPAN TROPIKA

1. Dadar Tropika

BAHAN-BAHAN:
- 3 biji telur
- 2 sudu besar santan
- ¼ cawan nenas dipotong dadu
- ¼ cawan lada benggala dipotong dadu
- ¼ cawan bawang merah potong dadu
- ¼ cawan keju parut (cheddar atau mozzarella)
- 1 sudu besar cilantro segar yang dicincang
- Garam dan lada sulah secukup rasa
- Mentega atau minyak untuk memasak

ARAHAN:

a) Dalam mangkuk, pukul bersama telur, santan, garam dan lada sulah.

b) Panaskan kuali tidak melekat di atas api sederhana dan tambah sedikit mentega atau minyak untuk menyalut permukaan.

c) Tuangkan adunan telur ke dalam kuali dan biarkan ia masak seminit sehingga bahagian tepi mula mengeras.

d) Taburkan nanas yang dipotong dadu, lada benggala, bawang merah, keju parut dan ketumbar cincang pada separuh daripada telur dadar.

e) Menggunakan spatula, lipat separuh lagi telur dadar ke atas inti.

f) Masak seminit lagi atau sehingga keju cair dan telur dadar masak.

g) Luncurkan telur dadar ke atas pinggan dan hidangkan panas.

h) Nikmati rasa tropika telur dadar yang lazat!

2.Chia Nanas

BAHAN-BAHAN:
- 1 (13.5-auns) tin santan
- 1 cawan 2% yogurt Yunani biasa
- ½ cawan biji chia
- 2 sudu besar madu
- 2 sudu besar gula
- 1 sudu teh ekstrak vanila
- Secubit garam halal
- 1 cawan mangga potong dadu
- 1 cawan nenas potong dadu
- 2 sudu besar kelapa parut

ARAHAN:

a) Dalam mangkuk besar, pukul bersama santan, yogurt, biji chia, madu, gula, vanila, dan garam sehingga sebati.

b) Bahagikan campuran sama rata ke dalam empat balang mason (16 auns).

c) Tutup dan sejukkan semalaman, atau sehingga 5 hari.

d) Hidangkan sejuk, di atasnya dengan mangga dan nanas, dan ditaburkan dengan kelapa.

3.Roti Bakar Perancis Tropika

BAHAN-BAHAN:
- 4 keping roti
- 2 biji telur
- ½ cawan santan
- 1 sudu teh ekstrak vanila
- 1 sudu besar madu atau sirap maple
- Secubit garam
- Pisang dan mangga dihiris untuk topping
- Sirap maple atau madu untuk gerimis

ARAHAN:

a) Dalam mangkuk cetek, pukul bersama telur, santan, ekstrak vanila, madu atau sirap maple, dan garam.

b) Celupkan setiap keping roti ke dalam adunan telur, biarkan ia meresap selama beberapa saat pada setiap sisi.

c) Panaskan kuali tidak melekat atau griddle di atas api sederhana dan gris dengan mentega atau minyak sedikit.

d) Masak hirisan roti yang telah direndam dalam kuali sehingga perang keemasan di kedua-dua belah.

e) Pindahkan roti bakar Perancis ke pinggan hidangan.

f) Taburkan dengan hirisan pisang dan mangga.

g) Siram dengan sirap maple atau madu.

h) Nikmati sentuhan tropika pada roti bakar Perancis klasik!

4. Wafel Emas dengan Buah-buahan Tropika

BAHAN-BAHAN:
MENTEGA KURMA
- 1 batang mentega tanpa garam, suhu bilik
- 1 cawan kurma dicincang kasar

WAFFLES
- 1 ½ cawan tepung serba guna
- 1 cawan tepung semolina yang dikisar kasar
- ¼ cawan gula pasir
- 2 ½ sudu teh serbuk penaik
- ½ sudu teh baking soda
- ¾ sudu teh garam kasar
- 1 ¾ cawan susu penuh, suhu bilik
- ⅓ cawan krim masam, suhu bilik
- 1 batang mentega tanpa garam, cair
- 2 biji telur besar, suhu bilik
- 1 sudu teh ekstrak vanila tulen
- Semburan masak minyak sayuran
- Hirisan buah kiwi dan buah sitrus, pistachio cincang, dan sirap maple tulen, untuk dihidangkan

ARAHAN:
MENTEGA KURMA:
a) Pukul mentega dan kurma dalam pemproses makanan, kikis bahagian tepi beberapa kali, sehingga licin dan sebati. Mentega kurma boleh dibuat sehingga seminggu lebih awal dan disimpan di dalam peti sejuk; bawa ke suhu bilik sebelum digunakan.

WAFLES:
b) Pukul bersama tepung, gula, serbuk penaik, soda penaik, dan garam dalam mangkuk besar. Dalam mangkuk yang berasingan, pukul susu, krim masam, mentega, telur, dan vanila.

c) Pukul adunan susu ke dalam adunan tepung baru sebati.

d) Panaskan seterika wafel. Salut dengan lapisan nipis semburan masak. Tuangkan 1 ¼ cawan adunan setiap wafel ke tengah seterika, biarkan ia merebak hampir ke tepi.

e) Tutup tudung dan masak sehingga perang keemasan dan garing, 6 hingga 7 minit.

f) Keluarkan dari seterika dan baling dengan cepat antara tangan anda beberapa kali untuk mengeluarkan wap dan membantu mengekalkan kerangupan, kemudian pindahkan ke rak dawai yang ditetapkan dalam lembaran pembakar berbingkai; panaskan dalam ketuhar 225 darjah sehingga sedia untuk dihidangkan.

g) Ulangi salutan seterika dengan lebih banyak semburan masak antara kelompok.

Hidangkan, dengan mentega kurma, buah, pistachio, dan sirap.

5.Buah tropika Crêpe s

BAHAN-BAHAN:
- 4 auns tepung biasa, diayak
- 1 secubit Garam
- 1 sudu teh gula kastor
- 1 biji telur, tambah satu kuning
- ½ pain Susu
- 2 sudu besar mentega cair
- 4 auns Gula
- 2 sudu besar Brandy atau rum
- 2½ cawan campuran buah tropika

ARAHAN:
a) Untuk membuat adunan Crêpe, letakkan tepung, garam, dan gula kastor dalam mangkuk dan gaul.
b) Pukul telur, susu dan mentega secara beransur-ansur. Biarkan selama sekurang-kurangnya 2 jam.
c) Panaskan kuali yang telah digris sedikit, kacau adunan, dan gunakan untuk membuat 8 Crêpes. Tetap hangat.
d) Untuk membuat inti, letakkan campuran buah tropika dalam periuk dengan gula dan panaskan perlahan-lahan sehingga gula larut.
e) Didihkan dan panaskan sehingga gula menjadi karamel. Tambah brendi.
f) Isikan setiap Crêpe dengan buah dan hidangkan segera dengan krim atau creme fraiche.

6. Puding Kelapa Tropika

BAHAN-BAHAN:
- ¾ cawan oat tanpa gluten lama
- ½ cawan kelapa parut tanpa gula
- 2 cawan air
- 1¼ cawan santan
- ½ sudu teh kayu manis tanah
- 1 pisang, dihiris

ARAHAN:
a) Menggunakan mangkuk, satukan oat, kelapa, dan air. Tutup dan sejukkan semalaman.
b) Pindahkan adunan ke dalam periuk kecil.
c) Masukkan susu, dan kayu manis, dan reneh selama kira-kira 12 minit dengan api sederhana.
d) Keluarkan dari api, dan biarkan selama 5 minit.
e) Bahagikan antara 2 mangkuk dan atas dengan hirisan pisang.

7.Pancake Tropika

BAHAN-BAHAN:
- 1¾ cawan oat gulung kuno
- 1½ sudu teh serbuk penaik
- 1 sudu teh baking soda
- ½ sudu teh kayu manis
- ¼ sudu teh garam
- 1 pisang sederhana masak, tumbuk
- 2 sudu besar minyak kelapa, cair
- 1 sudu besar sirap maple
- 1 biji telur besar
- 1 sudu teh ekstrak vanila
- ¾ cawan 2% susu rendah lemak
- ½ cawan santan penuh lemak dalam tin
- ½ cawan nenas didadu halus
- ½ cawan mangga dihiris halus

ARAHAN:
a) Masukkan semua bahan, kecuali nanas dan mangga, ke dalam pengisar.
b) Blitz adunan dalam pengisar sehingga anda mempunyai cecair yang licin.
c) Tuangkan adunan pancake ke dalam mangkuk besar.
d) Masukkan nenas dan mangga.
e) Biarkan adunan berehat selama 5 hingga 10 minit. Ini membolehkan semua bahan bergabung dan memberikan adunan konsistensi yang lebih baik.
f) Sembur kuali atau griddle tidak melekat dengan minyak sayuran dan panaskan dengan api sederhana rendah.
g) Setelah kuali panas, masukkan adunan menggunakan cawan penyukat ¼ cawan dan tuangkan adunan ke dalam kuali untuk membuat penkek. Gunakan cawan penyukat untuk membantu membentuk lempeng.
h) Masak sehingga bahagian tepi kelihatan set dan buih terbentuk di tengah (kira-kira 2 hingga 3 minit), kemudian terbalikkan lempeng.
i) Setelah pancake masak di sebelah itu, keluarkan pancake dari api dan letakkan di atas pinggan.

8.Mangkuk Yogurt Tropika

BAHAN-BAHAN:
- Ketulan nanas, dihiris
- Kiwi, dihiris
- hirisan mangga
- ½ cawan Greek Yogurt
- Kerepek kelapa
- Hazelnut dicincang

ARAHAN:
a) Dalam mangkuk sudu dalam Yogurt Yunani dan atas dengan buah-buahan dan topping lain.

9. Mangkuk Smoothie Buah-buahan Tropika

BAHAN-BAHAN:
- 1 pisang masak
- 1 cawan ketulan mangga beku
- 1 cawan ketulan nanas beku
- ½ cawan santan
- Topping: kiwi dihiris, kelapa parut, granola, biji chia

ARAHAN:

a) Dalam pengisar, satukan pisang, ketulan mangga, ketulan nanas dan santan.

b) Kisar sehingga licin dan berkrim.

c) Tuangkan smoothie ke dalam mangkuk.

d) Teratas dengan hirisan kiwi, kelapa parut, granola dan biji chia.

e) Nikmati mangkuk smoothie buah tropika anda yang menyegarkan!

10.Lempeng Kelapa Mangga

BAHAN-BAHAN:
- 1 cawan tepung serba guna
- 1 sudu besar gula
- 1 sudu kecil serbuk penaik
- ½ sudu teh baking soda
- ¼ sudu teh garam
- 1 cawan santan
- ½ cawan puri mangga
- 1 biji telur
- 2 sudu besar mentega cair
- Mangga dihiris untuk topping

ARAHAN:
a) Dalam mangkuk, pukul bersama tepung, gula, serbuk penaik, soda penaik, dan garam.
b) Dalam mangkuk lain, satukan santan, puri mangga, telur, dan mentega cair.
c) Tuangkan bahan basah ke dalam bahan kering dan kacau sehingga sebati.
d) Panaskan kuali tidak melekat atau griddle di atas api sederhana dan gris dengan mentega atau minyak sedikit.
e) Tuangkan ¼ cawan adunan ke atas kuali untuk setiap lempeng.
f) Masak sehingga timbul buih di permukaan, kemudian balik-balikkan dan masak sebelah lagi sehingga perang keemasan.
g) Hidangkan lempeng kelapa mangga bersama hirisan mangga di atasnya.
h) Nikmati rasa tropika penkek gebu ini!

11. Mangkuk Acai Tropika

BAHAN-BAHAN:
- 2 pek acai sejuk beku
- 1 pisang masak
- ½ cawan beri campuran beku
- ½ cawan air kelapa atau susu badam
- Topping: hirisan pisang, kiwi, beri, granola, serpihan kelapa

ARAHAN:

a) Dalam pengisar, kisar pek acai beku, pisang masak, beri campuran beku, dan air kelapa atau susu badam sehingga licin dan pekat.

b) Tuang adunan acai ke dalam mangkuk.

c) Teratas dengan hirisan pisang, kiwi, beri, granola dan kepingan kelapa.

d) Susun topping mengikut kehendak di atas adunan acai.

e) Hidangkan segera dan nikmati mangkuk acai tropika yang menyegarkan dan berkhasiat!

12. Mangkuk Sarapan Kuinoa Mangga Kelapa

BAHAN-BAHAN:
- ½ cawan quinoa masak
- ¼ cawan santan
- 1 biji mangga masak, potong dadu
- 2 sudu besar kelapa parut
- 1 sudu besar madu atau sirap maple
- Topping pilihan: badam dihiris, biji chia

ARAHAN:
a) Dalam mangkuk, satukan quinoa yang telah dimasak, santan, mangga potong dadu, kelapa parut, dan madu atau sirap maple.
b) Kacau rata hingga sebati semua bahan.
c) Jika mahu, tambah topping tambahan seperti hirisan badam dan biji chia.
d) Nikmati perisa tropika mangkuk sarapan quinoa mangga kelapa yang berkhasiat ini!

13. Parfait Sarapan Limau Betik

BAHAN-BAHAN:
- 1 buah betik masak, dipotong dadu
- Jus 1 biji limau purut
- 1 cawan yogurt Yunani
- ¼ cawan granola
- 2 sudu besar madu atau sirap maple
- Daun pudina segar untuk hiasan

ARAHAN:
a) Dalam mangkuk, satukan betik potong dadu dan jus limau nipis. Tos perlahan-lahan untuk menyaluti betik dengan air limau nipis.
b) Dalam menghidangkan gelas atau mangkuk, sapukan campuran betik, yogurt Yunani, dan granola.
c) Tuangkan madu atau sirap maple di atasnya.
d) Hiaskan dengan daun pudina segar.
e) Nikmati parfait sarapan limau betik yang menyegarkan dan masam!

14. Burrito Sarapan Tropika

BAHAN-BAHAN:
- 2 tortilla besar
- 4 biji telur, dikocok
- ½ cawan nenas dipotong dadu
- ½ cawan lada benggala dipotong dadu
- ¼ cawan bawang merah potong dadu
- ¼ cawan keju parut (cheddar atau mozzarella)
- Ketumbar segar untuk hiasan
- Garam dan lada sulah secukup rasa
- Salsa atau sos panas untuk dihidangkan (pilihan)

ARAHAN:

a) Dalam kuali, masak telur hancur sehingga masak. Perasakan dengan garam dan lada sulah.

b) Panaskan tortilla dalam kuali atau ketuhar gelombang mikro yang berasingan.

c) Bahagikan telur hancur, nanas potong dadu, lada benggala potong dadu, bawang merah potong dadu, dan keju parut di antara tortilla.

d) Lipat di bahagian tepi tortilla dan gulungkannya untuk membentuk burrito.

e) Pilihan: Bakar sedikit burrito dalam kuali untuk garingkannya.

f) Hiaskan dengan ketumbar segar.

g) Hidangkan dengan salsa atau sos panas, jika dikehendaki.

h) Nikmati sentuhan tropika pada burrito sarapan klasik!

15. Roti Pisang Kelapa

BAHAN-BAHAN:
- 2 biji pisang masak, tumbuk
- ½ cawan santan
- ¼ cawan minyak kelapa cair
- ¼ cawan madu atau sirap maple
- 1 sudu teh ekstrak vanila
- 1 ¾ cawan tepung serba guna
- 1 sudu kecil serbuk penaik
- ½ sudu teh baking soda
- ¼ sudu teh garam
- ¼ cawan kelapa parut
- Pilihan: ½ cawan kacang tropika yang dicincang

ARAHAN:
a) Panaskan ketuhar hingga 350°F (175°C) dan griskan loyang roti.
b) Dalam mangkuk besar, satukan pisang lecek, santan, minyak kelapa cair, madu atau sirap maple, dan ekstrak vanila. Gaul sebati.
c) Dalam mangkuk yang berasingan, pukul bersama tepung, serbuk penaik, soda penaik, dan garam.
d) Masukkan bahan kering sedikit demi sedikit ke dalam bahan basah, kacau sehingga sebati.
e) Masukkan kelapa parut dan kacang cincang (jika guna).
f) Tuangkan adunan ke dalam loyang yang telah disediakan dan ratakan.
g) Bakar selama 45-55 minit atau sehingga pencungkil gigi yang dimasukkan ke tengah keluar bersih.
h) Keluarkan dari ketuhar dan biarkan roti pisang kelapa sejuk di dalam kuali selama beberapa minit.
i) Pindahkan roti ke rak dawai untuk menyejukkan sepenuhnya.
j) Hiris dan hidangkan roti pisang kelapa tropika yang lazat.

16.Taco Sarapan Tropika

BAHAN-BAHAN:
- 4 tortilla jagung kecil
- 4 biji telur, dikocok
- ½ cawan nenas dipotong dadu
- ¼ cawan lada benggala merah dipotong dadu
- ¼ cawan bawang merah potong dadu
- ¼ cawan cilantro segar yang dicincang
- Jus 1 biji limau purut
- Garam dan lada sulah secukup rasa
- Topping pilihan: hirisan alpukat, salsa, sos panas

ARAHAN:

a) Dalam mangkuk, satukan nanas yang dipotong dadu, lada benggala merah, bawang merah, ketumbar, jus limau nipis, garam dan lada sulah. Gaul sebati.

b) Panaskan tortilla jagung dalam kuali atau ketuhar gelombang mikro.

c) Isikan setiap tortilla dengan telur hancur dan tutup dengan salsa nanas tropika.

d) Tambah topping pilihan seperti alpukat yang dihiris, salsa atau sos panas.

e) Hidangkan taco sarapan tropika yang lazat.

17. Roti Bakar Avokado Tropika

BAHAN-BAHAN:
- 2 keping roti bijirin penuh, dibakar
- 1 buah alpukat masak, dikupas dan diadu
- Jus ½ kapur
- ¼ cawan nenas dipotong dadu
- ¼ cawan mangga potong dadu
- 1 sudu besar cilantro segar yang dicincang
- Garam dan lada sulah secukup rasa
- Topping pilihan: lobak yang dihiris, sayuran hijau atau keju feta

ARAHAN:
a) Dalam mangkuk, tumbuk alpukat masak dengan garpu.
b) Masukkan jus limau nipis, nenas potong dadu, mangga potong dadu, ketumbar cincang, garam, dan lada sulah.
c) Gaul rata sehingga semua bahan sebati.
d) Ratakan adunan alpukat ke atas kepingan roti yang telah dibakar.
e) Teratas dengan topping pilihan jika dikehendaki, seperti lobak yang dihiris, mikrohijau atau keju feta yang hancur.
f) Hidangkan roti bakar alpukat tropika sebagai snek atau hidangan ringan yang lazat dan mengenyangkan.
g) Nikmati alpukat berkrim yang digandingkan dengan buah-buahan tropika yang manis dan masam!

SNEK TROPIKA

18.Campuran Snek Tropika

BAHAN-BAHAN:
- 6 cawan popcorn meletus
- 1 cawan nanas kering
- 1 cawan kacang macadamia panggang
- 1 cawan kerepek pisang
- ½ cawan serpihan kelapa bakar

ARAHAN
a) Dalam mangkuk besar, campurkan semua bahan sehingga sebati.
b) Hidangkan segera atau simpan dalam bekas kedap udara.

19. Ceviche Cocktail Tropika

BAHAN-BAHAN:
- ¾ paun Ikan Kakap
- 1 paun Kerang; berempat
- 1 bawang merah kecil; dibelah dua, dihiris nipis
- ¼ cawan Cilantro; dicincang kasar
- 2 cawan mangga; dipotong dadu
- 1½ cawan nanas; dipotong dadu
- Perap
- 1 cawan jus limau nipis; baru diperah
- 1 sudu besar kulit limau nipis; parut
- 1 cawan cuka beras
- ¼ cawan Gula
- 1½ sudu teh Serpihan lada merah; untuk rasa
- 1½ sudu teh Garam
- 2 sudu teh biji ketumbar; hancur

ARAHAN:
a) Satukan bahan perapan dalam mangkuk kaca besar atau keluli tahan karat. Pukul sebati dan ketepikan.
b) Bilas ikan dan kerang dalam air sejuk dan keringkan dengan tuala kertas. Masukkan kerang ke dalam bahan perapan dan sejukkan. Potong ikan menjadi kepingan ½" dan masukkan ke dalam perapan bersama bawang.
c) Kacau perlahan-lahan, tutup dan sejukkan selama sekurang-kurangnya 4 jam sebelum dihidangkan.
d) Kacau sekali-sekala untuk memastikan perapan meresap ke dalam makanan laut secara sekata. Ceviche boleh disediakan setakat ini sehingga 2 hari lebih awal. Kira-kira 30 minit sebelum dihidangkan, masukkan ketumbar dan buah-buahan dan kembalikan hidangan ke dalam peti sejuk sehingga sedia untuk dihidangkan.
e) Hidangkan dalam mangkuk atau pinggan sejuk kecil atau, untuk penampilan yang lebih meriah, gelas pukulan atau gelas koktel.

20.Gigitan Protein Lemon Tropika

BAHAN-BAHAN:
- 1¾ cawan gajus
- ¼ cawan tepung kelapa
- ¼ cawan kelapa parut tanpa gula
- 3 sudu besar biji rami bercengkerang mentah
- 3 sudu besar sirap maple
- 3 sudu besar jus lemon segar

ARAHAN:
a) Letakkan gajus dalam pemproses makanan dan proses sehingga halus.
b) Masukkan baki bahan dan proses sehingga sebati.
c) Tuangkan adunan ke dalam mangkuk besar.
d) Ambil segumpal doh dan picitkan menjadi bebola.
e) Teruskan memerah dan bekerja beberapa kali sehingga bola terbentuk dan pepejal.

21.Pizza Walnut Tropika

BAHAN-BAHAN:
- 1 kerak pizza siap sedia
- 1 Sudu besar minyak zaitun
- Bekas 13.5 auns krim keju berperisa buah
- 26-auns balang hirisan mangga, toskan dan cincang
- ½ C. kenari cincang

ARAHAN:
a) Masak kerak pizza di dalam ketuhar mengikut arahan pakej.
b) Sapukan kerak dengan minyak secara rata.
c) Sapukan krim keju ke atas kerak dan atas dengan mangga dan kacang cincang.
d) Potong kepingan yang dikehendaki dan hidangkan.

22. Bebola Tenaga Kelapa Nanas

BAHAN-BAHAN:
- 1 cawan kurma, diadu
- 1 cawan nanas kering
- ½ cawan kelapa parut
- ¼ cawan tepung badam atau badam kisar
- ¼ cawan biji chia
- 1 sudu besar minyak kelapa, cair
- 1 sudu teh ekstrak vanila

ARAHAN:

a) Dalam pemproses makanan, kisar kurma dan nanas kering sehingga membentuk pes melekit.

b) Masukkan kelapa parut, tepung badam, biji chia, minyak kelapa cair dan ekstrak vanila ke dalam pemproses makanan.

c) Pukul sehingga semua bahan sebati dan membentuk konsistensi seperti doh.

d) Canai adunan menjadi bebola kecil.

e) Pilihan: Gulungkan bebola dalam kelapa parut tambahan untuk disalut.

f) Letakkan bebola tenaga dalam bekas kedap udara dan sejukkan sekurang-kurangnya 30 minit sebelum dihidangkan.

g) Nikmati bebola tenaga kelapa nanas yang lazat dan bertenaga ini!

23.Kebab Buah Tropika

BAHAN-BAHAN:
- Pelbagai buah-buahan tropika (nanas, mangga, kiwi, pisang, betik, dll.), dipotong seukuran gigitan
- Lidi kayu

ARAHAN:
a) Masukkan pelbagai jenis buah-buahan tropika pada lidi kayu dalam sebarang corak yang anda suka.
b) Ulangi dengan baki buah-buahan dan lidi.
c) Hidangkan kabob buah tropika seperti sedia ada atau dengan sampingan yogurt atau madu untuk dicelup.
d) Nikmati lidi buah-buahan yang berwarna-warni dan berkhasiat ini!

24. Popcorn Limau Kelapa

BAHAN-BAHAN:
- ½ cawan biji popcorn
- 2 sudu besar minyak kelapa
- Perahan dan jus 1 limau nipis
- 2 sudu besar kelapa parut
- Garam secukup rasa

ARAHAN:

a) Panaskan minyak kelapa dalam periuk besar dengan api sederhana.

b) Masukkan biji popcorn dan tutup periuk dengan penutup.

c) Goncang periuk sekali-sekala untuk mengelakkan hangus.

d) Setelah meletus menjadi perlahan, keluarkan periuk dari api dan biarkan selama satu minit untuk memastikan semua biji telah muncul.

e) Dalam mangkuk kecil, satukan kulit limau nipis, jus limau nipis, kelapa parut dan garam.

f) Siramkan bancuhan kelapa limau ke atas popcorn yang baru muncul dan gaulkan hingga rata.

g) Nikmati popcorn limau kelapa tropika yang segar dan tropika sebagai snek yang ringan dan berperisa!

25.Guacamole Limau Kelapa

BAHAN-BAHAN:
- 2 buah alpukat masak
- Jus 1 biji limau purut
- Serbuk 1 biji limau purut
- 2 sudu besar cilantro segar yang dicincang
- 2 sudu besar bawang merah dipotong dadu
- 2 sudu besar kelapa parut
- Garam dan lada sulah secukup rasa

ARAHAN:

a) Dalam mangkuk, tumbuk alpukat masak dengan garpu sehingga berkrim.

b) Masukkan jus limau nipis, kulit limau nipis, ketumbar cincang, bawang merah potong dadu, kelapa parut, garam dan lada sulah.

c) Gaul rata untuk menggabungkan semua bahan.

d) Rasa dan sesuaikan perasa mengikut keinginan.

e) Hidangkan guacamole limau kelapa dengan kerepek tortilla atau gunakannya sebagai topping yang lazat untuk taco, sandwic atau salad.

f) Nikmati rasa berkrim dan pedas dari sentuhan tropika pada guacamole ini!

26.Udang kelapa

BAHAN-BAHAN:
- 1 paun udang, dikupas dan dikeringkan
- ½ cawan tepung serba guna
- ½ cawan kelapa parut
- 2 biji telur, dipukul
- Garam dan lada sulah secukup rasa
- Minyak masak untuk menggoreng

ARAHAN:

a) Dalam mangkuk cetek, satukan tepung serba guna, kelapa parut, garam dan lada sulah.

b) Celupkan setiap udang ke dalam telur yang telah dipukul, biarkan lebihan menitis, dan kemudian salutkan dengan bancuhan kelapa.

c) Panaskan minyak masak dalam kuali atau periuk dalam dengan api yang sederhana tinggi.

d) Goreng udang bersalut kelapa secara berkelompok sehingga perang keemasan dan garing, kira-kira 2-3 minit setiap sisi.

e) Keluarkan udang dari minyak dan toskan pada tuala kertas.

f) Hidangkan udang kelapa sebagai pembuka selera atau snek tropika yang lazat dengan sos pencicah pilihan anda, seperti sos cili manis atau salsa mangga.

g) Nikmati udang kelapa yang rangup dan berperisa!

27.Bar Granola Tropika

BAHAN-BAHAN:
- 1 ½ cawan oat gulung
- ½ cawan kelapa parut
- ¼ cawan nanas kering yang dicincang
- ¼ cawan mangga kering yang dicincang
- ¼ cawan betik kering yang dicincang
- ¼ cawan kacang cincang (cth, badam, gajus, kacang macadamia)
- ¼ cawan madu atau sirap maple
- ¼ cawan mentega kacang (cth, mentega badam, mentega kacang)
- 1 sudu teh ekstrak vanila
- Secubit garam

ARAHAN:
a) Panaskan ketuhar hingga 350°F (175°C) dan alaskan loyang dengan kertas parchment.
b) Dalam mangkuk besar, satukan oat gulung, kelapa parut, nanas kering cincang, mangga kering cincang, betik kering cincang, dan kacang cincang.
c) Dalam periuk kecil, panaskan madu atau sirap maple, mentega kacang, ekstrak vanila, dan garam dengan api perlahan sehingga cair dan sebati.
d) Tuangkan campuran madu atau sirap maple ke atas bahan kering dan kacau sehingga semuanya bersalut rata.
e) Pindahkan adunan ke dalam loyang yang telah disediakan dan tekan dengan kuat.
f) Bakar selama 15-20 minit atau sehingga bahagian tepi bertukar menjadi perang keemasan.
g) Keluarkan dari ketuhar dan biarkan ia sejuk sepenuhnya di dalam pinggan.
h) Setelah sejuk, potong bar atau segi empat sama.
i) Simpan bar granola tropika dalam bekas kedap udara untuk snek semasa dalam perjalanan.
j) Nikmati bar granola buatan sendiri dan berkhasiat ini yang penuh dengan rasa tropika!

28. Gulung Salsa Mangga Tropika

BAHAN-BAHAN:
- 4 tortilla tepung besar
- 1 cawan krim keju
- 1 cawan salsa mangga
- ½ cawan daun salad atau bayam yang dicincang

ARAHAN:

a) Letakkan tortilla tepung rata di atas permukaan yang bersih.

b) Sapukan lapisan keju krim secara merata ke atas setiap tortilla.

c) Sudukan salsa mangga ke atas lapisan keju krim, ratakan untuk menutupi tortilla.

d) Taburkan daun salad atau bayam yang dicincang di atas salsa.

e) Gulung setiap tortilla dengan ketat, bermula dari satu hujung.

f) Potong setiap tortilla yang digulung menjadi roda pin bersaiz gigitan.

g) Hidangkan gulungan salsa mangga tropika sebagai snek atau pembuka selera yang berperisa dan menyegarkan.

h) Nikmati gabungan rasa berkrim, tajam dan tropika!

29. Lidi Nenas Bakar

BAHAN-BAHAN:
- 1 biji nanas, dikupas, dibuang biji, dan dipotong menjadi kepingan
- 2 sudu besar madu atau sirap maple
- 1 sudu teh kayu manis tanah
- Lidi kayu, rendam dalam air selama 30 minit

ARAHAN:

a) Panaskan pemanggang atau kuali pemanggang dengan api sederhana.

b) Dalam mangkuk kecil, campurkan madu atau sirap maple dan kayu manis yang dikisar.

c) Benang ketulan nanas pada lidi kayu.

d) Sapu nanas dengan campuran madu atau sirap maple, salut semua bahagian.

e) Letakkan lidi nanas pada gril yang telah dipanaskan dan masak selama kira-kira 2-3 minit setiap sisi, atau sehingga tanda gril muncul dan nanas menjadi karamel sedikit.

f) Keluarkan dari panggangan dan biarkan ia sejuk selama beberapa minit.

g) Hidangkan lidi nanas panggang sebagai snek atau pencuci mulut yang manis dan tropika.

h) Nikmati rasa berasap dan karamel dari nanas panggang!

30. Gigitan Pisang Kelapa

BAHAN-BAHAN:
- 2 biji pisang, kupas dan potong seukuran gigitan
- ¼ cawan coklat gelap cair
- ¼ cawan kelapa parut

ARAHAN:
a) Lapik loyang dengan kertas parchment.
b) Celupkan setiap kepingan pisang ke dalam coklat gelap cair, salutkan kira-kira separuh.
c) Canai pisang bersalut coklat di dalam kelapa parut hingga bersalut rata.
d) Letakkan gigitan pisang yang telah disalut pada loyang yang telah disediakan.
e) Ulang dengan kepingan pisang yang tinggal.
f) Sejukkan sekurang-kurangnya 30 minit atau sehingga coklat mengeras.
g) Hidangkan gigitan pisang kelapa sebagai snek atau pencuci mulut tropika yang menarik.
h) Nikmati gabungan pisang berkrim, coklat kaya dan kelapa!

31. Celup Yogurt Tropika

BAHAN-BAHAN:
- 1 cawan yogurt Yunani
- ½ cawan nenas dipotong dadu
- ½ cawan mangga potong dadu
- ¼ cawan lada benggala merah yang dicincang
- ¼ cawan bawang merah cincang
- ¼ cawan cilantro segar yang dicincang
- 1 sudu besar jus limau nipis
- ½ sudu teh serbuk bawang putih
- Garam dan lada sulah secukup rasa

ARAHAN:

a) Dalam mangkuk, satukan yogurt Yunani, nanas potong dadu, mangga potong dadu, lada benggala merah cincang, bawang merah cincang, ketumbar cincang, jus limau nipis, serbuk bawang putih, garam dan lada sulah.

b) Gaul rata sehingga semua bahan sebati.

c) Rasa dan sesuaikan perasa jika perlu.

d) Hidangkan saus tropika dengan kerepek tortilla, roti pita atau batang sayur.

e) Nikmati hidangan berkrim dan berperisa ini dengan sentuhan tropika!

32.Salad Buah Tropika

BAHAN-BAHAN:
- 2 cawan nenas dipotong dadu
- 1 cawan mangga potong dadu
- 1 cawan betik potong dadu
- 1 cawan kiwi dihiris
- 1 cawan hirisan strawberi
- 1 sudu besar jus limau nipis segar
- 1 sudu besar madu atau sirap maple
- Topping pilihan: kelapa parut atau pudina segar yang dicincang

ARAHAN:

a) Dalam mangkuk besar, satukan nenas yang dipotong dadu, mangga yang dipotong dadu, betik yang dihiris dadu, dihiris kiwi dan dihiris strawberi.

b) Dalam mangkuk kecil, pukul bersama jus limau nipis dan madu atau sirap maple.

c) Siramkan perasan kapur ke atas salad buah-buahan dan toskan perlahan-lahan.

d) Pilihan: Taburkan kelapa parut atau pudina segar yang dicincang di atas untuk menambah rasa dan hiasan.

e) Hidangkan salad buah tropika yang disejukkan sebagai snek yang menyegarkan dan sihat.

f) Nikmati rasa meriah dan juicy dari rampaian tropika ini!

g) 20 resipi snek tropika ini sepatutnya menyediakan anda dengan pelbagai pilihan yang lazat dan berperisa untuk dinikmati. Sama ada anda sedang mencari sesuatu yang manis, berperisa, berkrim atau rangup, resipi ini pasti akan memuaskan keinginan tropika anda. Nikmati!

UTAMA TROPIKA

33.Salad buah tropika berkrim

BAHAN-BAHAN:
- 15.25-auns tin salad buah tropika, toskan
- 1 pisang, dihiris
- 1 cawan topping disebat beku, dicairkan

ARAHAN:
a) Dalam mangkuk sederhana, satukan semua bahan.
b) Kacau perlahan-lahan hingga menyalut.

34.Ayam Nanas Tropika

BAHAN-BAHAN:
- 1 lada benggala
- 1 biji bawang merah kecil
- 1 lb (450 g) fillet dada ayam tanpa tulang tanpa kulit
- 2 cawan kacang snap gula
- 1 tin (14 oz/398 ml) ketulan nanas dalam jus
- 2 sudu besar minyak kelapa cair
- 1 pkg Perencah Ayam Nenas Tropika
- jus limau segar

ARAHAN :

a) Panaskan ketuhar hingga 425° F. Gariskan Kuali Lembaran dengan Pelapik Kuali Lembaran.

b) Hiris lada dan bawang besar. Dalam mangkuk besar, satukan lada, bawang, ayam, kacang polong, ketulan nanas (termasuk jus), minyak kelapa dan perasa. Tos sampai bersalut.

c) Susun dalam satu lapisan di atas kuali sebaik mungkin. Panggang, selama 16 min, atau sehingga ayam masak.

d) Selesai dengan perahan limau nipis segar, jika mahu.

35. Rasa Udang Tropika

BAHAN-BAHAN:
- 1 biji limau nipis, dihiris separuh
- 1 pkg Perencah Ayam Nenas Tropika
- 1 sudu besar minyak kelapa cair
- 1 sudu besar madu
- 2 biji lada benggala, potong kecil
- 1 zucchini kecil, dihiris bulat ½ inci
- 2 cawan ketulan mangga beku
- 1 lb udang mentah beku, dikupas, dinyahbeku

ARAHAN :

a) Panaskan ketuhar hingga 425° F. Gariskan Kuali Lembaran dengan Pelapik Kuali Lembaran.
b) Menggunakan Citrus Press 2-dalam-1, perah jus daripada limau nipis ke dalam mangkuk besar.
c) Masukkan perasa, minyak, dan madu. Kacau hingga sebati.
d) Letakkan lada, zucchini, dan mangga dalam kuali.
e) Tuang separuh sos di atas.
f) Menggunakan penyepit, toskan hingga menyalut.
g) Masukkan ke dalam ketuhar dan bakar selama 10 min.
h) Sementara itu, masukkan udang ke dalam mangkuk dengan baki sos; tos sampai kot.
i) Keluarkan kuali dari ketuhar; masukkan udang dalam satu lapisan sebaik mungkin.
j) Panggang selama 3-4 min, atau sehingga udang masak.

36. Babi Bakar Caribbean dengan Salsa Tropika

BAHAN-BAHAN:
SALSA:
- 1 biji nanas kecil, dikupas, dibuang inti dan dipotong dadu
- 1 oren sederhana, dikupas dan dipotong dadu
- 2 sudu besar ketumbar segar, dicincang
- Jus setengah limau nipis segar

BABI:
- ½ sudu besar gula perang
- 2 sudu kecil bawang putih dikisar
- 2 sudu teh halia cincang
- 2 sudu teh jintan kisar
- 2 sudu teh ketumbar kisar
- ½ sudu teh kunyit
- 2 sudu besar minyak kanola
- 6 potong pinggang babi

ARAHAN:

a) Buat salsa dengan menggabungkan nanas, oren, ketumbar dan jus limau di dalam mangkuk. Mengetepikan. Boleh disediakan sehingga 2 hari lebih awal dan disejukkan.

b) Dalam mangkuk kecil, satukan adunan gula perang, bawang putih, halia, jintan manis, ketumbar dan kunyit.

c) Sapu kedua-dua belah daging babi dengan minyak kanola dan sapu pada kedua-dua belah.

d) Panaskan barbeku hingga sederhana tinggi. Letakkan daging babi di atas panggangan selama kira-kira 5 minit setiap sisi atau sehingga masak pada suhu dalaman 160 °F.

e) Hidangkan setiap potong disertai dengan ⅓ cawan salsa.

37. Ekor udang galah dengan buah tropika panggang

BAHAN-BAHAN:
- 4 lidi buluh atau logam
- ¾ nenas emas, dikupas, dibuang inti, dan dipotong menjadi hirisan 1 inci
- 2 biji pisang, dikupas dan dipotong bersilang kepada lapan kepingan 1 inci
- 1 mangga, dikupas, diadu, dan dipotong menjadi kiub 1 inci
- 4 udang galah batu atau ekor udang galah Maine yang besar
- ¾ cawan Kacang Soya Manis
- 1 cawan mentega, cair
- 4 biji limau nipis

ARAHAN:
a) Jika anda memanggang dengan lidi buluh, rendam dalam air sekurang-kurangnya 30 minit. Nyalakan gril untuk haba sederhana langsung, kira-kira 350¼F.
b) Lidi kepingan nanas, pisang dan mangga secara bergantian pada lidi, menggunakan kira-kira 2 keping setiap buah setiap lidi.
c) Kupu-kupu ekor udang galah dengan membelah setiap ekor memanjang melalui cangkerang atas bulat dan daging, biarkan cangkerang bawah rata utuh. Jika cangkerangnya sangat keras, gunakan gunting dapur untuk memotong cangkerang bulat dan pisau untuk memotong daging.
d) Buka ekor perlahan-lahan untuk mendedahkan daging.
e) Sapu sayu soya sedikit ke atas lidi buah dan daging udang galah. Sapu parut gril dan salut dengan minyak. Letakkan ekor udang galah, daging menghadap ke bawah, terus di atas api, dan panggang sehingga bertanda panggang dengan baik, 3 hingga 4 minit. Tekan ekor pada parut gril dengan spatula atau penyepit untuk membantu membakar daging. Balikkan dan panggang sehingga daging menjadi pejal dan putih, taburkan dengan sayu soya, 5 hingga 7 minit lagi.
f) Sementara itu, panggang lidi buah bersama udang galah sehingga bertanda panggang dengan baik, kira-kira 3 hingga 4 minit setiap sisi.
g) Hidangkan bersama mentega cair dan limau nipis untuk diperah.

38. Salad Kacang Hitam Tropika dengan Mangga

BAHAN-BAHAN:
- 3 cawan kacang hitam masak, toskan dan bilas
- ½ cawan lada benggala merah yang dicincang
- ¼ cawan bawang merah kisar
- ¼ cawan cilantro segar yang dicincang
- 1 jalapeño, dibiji dan dikisar (pilihan)
- 3 sudu besar minyak biji anggur
- 2 sudu besar jus limau nipis segar
- 2 sudu teh nektar agave
- ¼ sudu teh garam
- ⅛ sudu teh cayenne kisar

ARAHAN:
a) Dalam mangkuk besar, gabungkan kacang, mangga, lada benggala, bawang, ketumbar, dan jalapeño jika digunakan, dan ketepikan.
b) Dalam mangkuk kecil, pukul bersama minyak, jus limau nipis, nektar agave, garam, dan cayenne. Tuangkan dressing ke atas salad dan gaul rata.
c) Sejukkan selama 20 minit dan hidangkan.

39.Mangkuk Nasi Tropika

BAHAN-BAHAN:
MANGKUK
- 1 ubi keledek, dikupas dan dicincang menjadi kepingan seukuran gigitan
- 1 sudu besar minyak zaitun extra-virgin
- 2 cawan beras melati, masak
- 1 biji nanas, dikupas, dibuang inti, dan dicincang menjadi kepingan seukuran gigitan
- ¼ cawan gajus
- 4 sudu besar biji rami bercengkerang mentah

SOS MANIS DAN MASAM
- 1 sudu besar tepung jagung
- ½ cawan nenas cincang
- ¼ cawan cuka beras
- ⅓ cawan gula perang muda
- 3 sudu besar sos tomato
- 2 sudu kecil kicap

ARAHAN:
KELEDEK
a) Panaskan ketuhar hingga 425ºF.
b) Toskan ubi dengan minyak. Letakkan di atas loyang dan panggang selama 30 minit.
c) Keluarkan dari ketuhar dan biarkan sejuk.
SOS MANIS DAN MASAM
d) Pukul bersama tepung jagung dan 1 sudu besar air dalam mangkuk kecil. Mengetepikan.
e) Masukkan nanas dan ¼ cawan air ke dalam pengisar. Kisar sehingga adunan selicin mungkin.
f) Masukkan campuran nanas, cuka beras, gula perang, sos tomato, dan kicap ke dalam periuk sederhana.
g) Didihkan dengan api sederhana tinggi.
h) Masukkan bancuhan tepung jagung dan masak sehingga pekat, kira-kira seminit. Keluarkan dari api dan ketepikan semasa memasang mangkuk.
PERHIMPUNAN
i) Letakkan nasi di bahagian bawah setiap mangkuk. Masukkan barisan nanas, gajus, rami dan ubi keledek.
j) Teratas dengan sos masam manis.

40.Kebab babi tropika

BAHAN-BAHAN:
- 8 lidi kayu atau logam
- 2 paun pinggang babi, dipotong menjadi kepingan 1 inci
- 2 biji lada benggala merah besar, dibuang biji, dibersihkan dan dipotong menjadi 8 bahagian
- 1 lada benggala hijau, dibuang biji, dibersihkan dan dipotong menjadi 8 bahagian
- ½ biji nanas segar, potong 4 bahagian kemudian potong
- ½ cawan madu
- ½ cawan jus limau
- 2 sudu kecil kulit limau nipis parut
- 3 ulas bawang putih, dikisar
- ¼ cawan mustard kuning
- 1 sudu teh garam
- ¼ sudu teh lada hitam

ARAHAN:

a) Jika menggunakan lidi kayu, rendam dalam air selama 15 hingga 20 minit.

b) Lidi setiap lidi secara bergantian dengan ketulan daging babi, 2 keping lada merah, 1 keping lada hijau, dan 2 keping nanas.

c) Dalam hidangan pembakar 9" x 13", campurkan madu, jus limau nipis, kulit limau parut, bawang putih, mustard kuning, garam dan lada hitam; gaul sebati. Letakkan kebab dalam hidangan pembakar dan putar untuk disalut dengan perapan. Tutup dan sejukkan selama sekurang-kurangnya 4 jam atau semalaman, berputar sekali-sekala.

d) Panaskan gril dengan api sederhana -tinggi. Baste kebab dengan perapan; buang lebihan perapan.

e) Bakar kebab selama 7 hingga 9 minit, atau sehingga daging babi tidak lagi merah jambu, berputar dengan kerap untuk memasak di semua sisi.

41. Babi Jeruk Jamaica

BAHAN-BAHAN:
- 2 paun daging babi tenderloin, dipotong menjadi kiub atau jalur
- 3 sudu besar perasa jerk Jamaica
- 2 sudu besar minyak sayuran
- 2 sudu besar jus limau nipis
- 2 sudu besar kicap
- 2 sudu besar gula merah
- 2 ulas bawang putih, dikisar
- 1 sudu kecil halia parut
- Garam dan lada sulah secukup rasa

ARAHAN:

a) Dalam mangkuk, satukan perasa jerk Jamaica, minyak sayuran, jus limau nipis, kicap, gula perang, bawang putih kisar, halia parut, garam dan lada sulah.

b) Masukkan kiub atau jalur daging babi tenderloin ke dalam mangkuk dan toskan hingga rata dalam perapan.

c) Tutup mangkuk dan sejukkan selama sekurang-kurangnya 1 jam, atau semalaman untuk rasa yang lebih pedas.

d) Panaskan pemanggang atau kuali pemanggang di atas api yang sederhana tinggi.

e) Keluarkan daging babi dari perapan, goncangkan apa-apa lebihan.

f) Bakar daging babi selama kira-kira 4-6 minit setiap sisi, atau sehingga masak dan hangus dengan baik.

g) Lumur daging babi dengan baki perapan semasa memanggang.

h) Setelah masak, pindahkan daging babi ke dalam pinggan hidangan dan biarkan ia berehat selama beberapa minit.

i) Hidangkan daging babi jerk Jamaica sebagai hidangan utama tropika yang pedas dan berperisa.

j) Nikmati rasa berasap dan aromatik perasa jerk!

42. Tauhu Kari Mangga

BAHAN-BAHAN:
- 1 blok (14 oz) tauhu pejal, toskan dan potong kiub
- 1 sudu besar minyak sayuran
- 1 biji bawang, dihiris
- 2 ulas bawang putih, dikisar
- 1 sudu besar serbuk kari
- 1 sudu teh jintan kisar
- ½ sudu teh kunyit kisar
- ½ sudu teh ketumbar kisar
- ¼ sudu teh lada cayenne (sesuaikan dengan rasa)
- 1 tin (14 oz) santan
- 1 biji mangga masak, dikupas, diadu dan dipotong dadu
- 1 sudu besar jus limau nipis
- Garam secukup rasa
- Ketumbar segar dicincang untuk hiasan
- Nasi masak atau roti naan untuk dihidangkan

ARAHAN:
a) Panaskan minyak sayuran dalam kuali besar atau kuali dengan api sederhana.
b) Masukkan hirisan bawang besar dan bawang putih kisar, tumis selama 2-3 minit sehingga layu dan naik bau.
c) Masukkan serbuk kari, jintan kisar, kunyit kisar, ketumbar kisar, dan lada cayenne. Kacau rata untuk menyaluti bawang merah dan bawang putih dalam rempah.
d) Masukkan tauhu kiub ke dalam kuali dan masak selama 3-4 minit sehingga sedikit keperangan.
e) Tuangkan santan dan biarkan mendidih.
f) Masukkan mangga potong dadu dan jus limau nipis ke dalam kuali, dan perasakan dengan garam secukup rasa.
g) Reneh selama 5-6 minit sehingga tauhu dipanaskan dan rasa telah sebati.
h) Hiaskan dengan cilantro segar yang dicincang.
i) Hidangkan tauhu kari mangga di atas nasi yang dimasak atau dengan roti naan untuk hidangan utama tropika yang memuaskan.

j) Nikmati kari mangga yang berkrim dan beraroma dengan tauhu lembut dan rempah ratus!

43. Salad Habbatus Sauda Caribbean dan Mango Quinoa

BAHAN-BAHAN:
- 1 cawan quinoa masak, sejuk
- 1 tin (15 oz) kacang hitam, bilas dan toskan
- 1 biji mangga masak, dikupas, diadu dan dipotong dadu
- 1 lada benggala merah, potong dadu
- ¼ cawan bawang merah cincang
- ¼ cawan cilantro segar yang dicincang
- Jus 1 biji limau purut
- 2 sudu besar minyak zaitun
- 1 sudu teh jintan kisar
- Garam dan lada sulah secukup rasa

ARAHAN:
a) Dalam mangkuk besar, satukan quinoa yang telah dimasak, kacang hitam, mangga potong dadu, lada benggala merah potong dadu, bawang merah cincang dan ketumbar segar yang dicincang.
b) Dalam mangkuk kecil, pukul bersama jus limau nipis, minyak zaitun, jintan halus, garam dan lada sulah.
c) Tuangkan dressing ke atas adunan quinoa dan gaul sehingga sebati.
d) Sesuaikan perasa jika perlu.
e) Tutup mangkuk dan sejukkan selama sekurang-kurangnya 30 minit untuk membolehkan rasa bercampur bersama.
f) Sebelum dihidangkan, beri salad perlahan-lahan untuk memastikan semua bahan digabungkan dengan baik.
g) Hidangkan salad kacang hitam Caribbean dan mangga quinoa sebagai hidangan utama tropika yang menyegarkan dan berkhasiat.
h) Nikmati gabungan kacang hitam yang kaya dengan protein, mangga berair, dan ketumbar wangi dalam setiap gigitan!

44. Ayam Teriyaki Hawaii

BAHAN-BAHAN:
- 4 paha ayam tanpa tulang dan tanpa kulit
- ¼ cawan kicap
- ¼ cawan jus nanas
- 2 sudu besar madu
- 2 sudu besar cuka beras
- 1 sudu besar minyak bijan
- 2 ulas bawang putih, dikisar
- 1 sudu kecil halia parut
- Hirisan nenas untuk hiasan
- Bawang hijau dicincang untuk hiasan

ARAHAN:
a) Dalam mangkuk, pukul bersama kicap, jus nanas, madu, cuka beras, minyak bijan, bawang putih cincang dan halia parut.
b) Letakkan paha ayam di dalam pinggan cetek dan tuangkan perapan ke atasnya. Pastikan ayam disalut sama rata.
c) Tutup hidangan dan sejukkan selama sekurang-kurangnya 1 jam, atau semalaman untuk rasa yang lebih pedas.
d) Panaskan pemanggang atau kuali pemanggang di atas api yang sederhana tinggi.
e) Keluarkan paha ayam dari perapan, goncangkan apa-apa lebihan.
f) Bakar ayam selama kira-kira 5-6 minit setiap sisi, atau sehingga masak dan hangus dengan baik.
g) Lumurkan ayam dengan baki perapan semasa memanggang.
h) Setelah masak, pindahkan ayam ke dalam pinggan hidangan dan biarkan selama beberapa minit.
i) Hiaskan dengan hirisan nanas dan bawang hijau yang dihiris.
j) Hidangkan ayam teriyaki Hawaii sebagai hidangan utama berinspirasikan tropika.
k) Nikmati ayam yang lembut dan berperisa dengan sayu teriyaki yang manis dan masam!

45.Kari Udang Limau Kelapa

BAHAN-BAHAN:
- 1 paun udang, dikupas dan dikeringkan
- 1 tin (13.5 oz) santan
- Jus dan kulit 2 biji limau nipis
- 2 sudu besar pes kari hijau Thai
- 1 sudu besar sos ikan
- 1 sudu besar gula perang
- 1 lada benggala merah, dihiris
- 1 zucchini, dihiris
- 1 cawan kacang snap
- 1 sudu besar minyak sayuran
- Ketumbar segar untuk hiasan
- Nasi masak untuk dihidangkan

ARAHAN:

a) Panaskan minyak sayuran dalam kuali besar atau kuali dengan api sederhana.

b) Masukkan pes kari hijau Thai ke dalam kuali dan masak selama 1 minit sehingga wangi.

c) Tuangkan santan dan kacau rata hingga sebati dengan karipap.

d) Masukkan sos ikan, gula perang, jus limau nipis, dan kulit limau nipis. Kacau sehingga larut.

e) Masukkan hirisan lada benggala merah, zucchini, dan kacang polong ke dalam kuali. Kacau hingga menyalut sayur dalam kuah kari.

f) Reneh selama 5-6 minit sehingga sayur-sayuran empuk.

g) Masukkan udang ke dalam kuali dan masak selama 3-4 minit lagi sehingga udang menjadi merah jambu dan masak.

h) Keluarkan dari haba dan hiaskan dengan ketumbar segar.

i) Hidangkan kari udang limau kelapa di atas nasi yang telah dimasak untuk hidangan tropika yang berperisa dan beraroma.

j) Nikmati kuah kari kelapa berkrim dengan udang berair dan sayur-sayuran segar!

46. Kambing Kari Jamaica

BAHAN-BAHAN:
- 2 paun daging kambing, potong kiub
- 2 sudu besar serbuk kari Jamaica
- 1 bawang, dicincang
- 3 ulas bawang putih, dikisar
- 1 lada bonet scotch, buang biji dan kisar
- 1 sudu besar minyak sayuran
- 2 cawan santan
- 2 cawan air
- 2 tangkai thyme segar
- Garam dan lada sulah secukup rasa
- Nasi atau roti yang dimasak untuk dihidangkan

ARAHAN:

a) Dalam mangkuk, perasakan daging kambing dengan serbuk kari Jamaica, garam dan lada sulah. Toskan hingga ratakan daging.

b) Panaskan minyak sayuran dalam periuk besar atau ketuhar Belanda dengan api sederhana.

c) Masukkan daging kambing berperisa ke dalam periuk dan perangkannya di semua bahagian. Keluarkan daging dari periuk dan ketepikan.

d) Dalam periuk yang sama, masukkan bawang besar cincang, bawang putih kisar, dan lada bonet scotch kisar (jika guna). Tumis selama 2-3 minit sehingga bawang lut sinar dan wangi.

e) Kembalikan daging kambing yang telah di perang ke dalam periuk dan kacau hingga sebati dengan bawang besar dan bawang putih.

f) Tuangkan santan dan air. Kacau rata untuk memasukkan cecair.

g) Masukkan tangkai thyme segar ke dalam periuk dan biarkan adunan mendidih.

h) Kecilkan api, tutup periuk dan biarkan mendidih selama kira-kira 2-3 jam, atau sehingga daging kambing lembut dan berperisa. Kacau sekali-sekala untuk mengelakkan melekat.

i) Sesuaikan perasa dengan garam dan lada sulah secukup rasa.

j) Hidangkan kambing kari Jamaica di atas nasi yang dimasak atau dengan roti untuk hidangan utama tropika yang asli dan menyelerakan.

k) Nikmati rasa kaya dan aromatik daging kambing yang diselitkan kari!

47. Taco Ikan gaya Caribbean

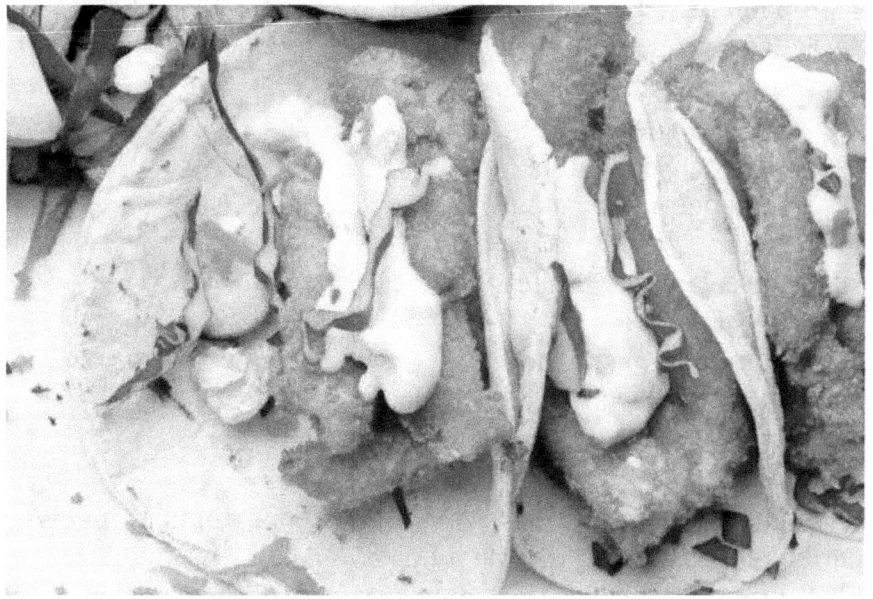

BAHAN-BAHAN:
- 1 paun fillet ikan putih (seperti ikan kod atau tilapia)
- ¼ cawan tepung serba guna
- 1 sudu besar perencah jerk Caribbean
- ½ sudu teh garam
- ¼ sudu teh lada hitam
- 2 sudu besar minyak sayuran
- 8 tortilla kecil
- Daun salad yang dicincang
- Avokado dihiris
- Ketumbar segar dicincang
- Biji limau nipis untuk dihidangkan

ARAHAN:
a) Dalam hidangan cetek, pukul bersama tepung, perasa jerk Caribbean, garam dan lada hitam.
b) Korek isi ikan dalam adunan tepung, goncangkan sebarang lebihan.
c) Panaskan minyak sayuran dalam kuali besar di atas api sederhana.
d) Masukkan fillet ikan bersalut ke dalam kuali dan masak selama kira-kira 3-4 minit setiap sisi, atau sehingga ikan masak dan perang keemasan.
e) Keluarkan ikan dari kuali dan biarkan selama beberapa minit.
f) Panaskan tortilla dalam kuali kering atau microwave.
g) Kikis ikan yang telah dimasak dan bahagikan antara tortilla.
h) Hiaskan ikan dengan daun salad yang dicincang, hirisan alpukat dan cilantro segar yang dicincang.
i) Perahkan jus limau nipis segar di atas topping.
j) Hidangkan taco ikan gaya Caribbean sebagai hidangan utama tropika dan berperisa.
k) Nikmati ikan yang rangup dan berperisa dengan topping yang segar dan bersemangat!

48.Salmon Kacang Mangga

BAHAN-BAHAN:
- 4 fillet salmon
- 1 mangga masak, dikupas, diadu, dan ditumbuk
- 2 sudu besar kicap
- 2 sudu besar madu
- 2 sudu besar jus limau nipis
- 2 ulas bawang putih, dikisar
- 1 sudu kecil halia parut
- Garam dan lada sulah secukup rasa
- Ketumbar segar dicincang untuk hiasan

ARAHAN:
a) Panaskan ketuhar hingga 375°F (190°C).
b) Dalam mangkuk, pukul bersama puri mangga, kicap, madu, jus limau nipis, bawang putih kisar, halia parut, garam dan lada sulah.
c) Letakkan fillet salmon dalam hidangan pembakar dan tuangkan sayu mangga di atasnya. Pastikan salmon disalut sama rata.
d) Bakar dalam ketuhar yang telah dipanaskan selama kira-kira 12-15 minit, atau sehingga salmon masak dan mudah mengelupas dengan garpu.
e) Siram salmon dengan glaze sekali atau dua kali semasa membakar.
f) Setelah masak, keluarkan salmon dari ketuhar dan biarkan selama beberapa minit.
g) Hiaskan dengan cilantro segar yang dicincang.
h) Hidangkan salmon berlapis mangga sebagai hidangan utama tropika dan berperisa.
i) Nikmati salmon yang berair dan manis dengan sayu mangga yang masam dan berbuah!

49. Kari Sayur Caribbean

BAHAN-BAHAN:
- 1 sudu besar minyak sayuran
- 1 bawang, dicincang
- 2 ulas bawang putih, dikisar
- 1 lada benggala merah, potong dadu
- 1 lada benggala kuning, potong dadu
- 1 zucchini, potong dadu
- 1 keledek, dikupas dan dipotong dadu
- 1 cawan kuntum bunga kobis
- 1 tin (14 oz) santan
- 2 sudu besar serbuk kari Caribbean
- 1 sudu teh jintan kisar
- 1 sudu teh ketumbar kisar
- ¼ sudu teh lada cayenne (sesuaikan dengan rasa)
- Garam dan lada sulah secukup rasa
- Ketumbar segar dicincang untuk hiasan
- Nasi atau roti yang dimasak untuk dihidangkan

ARAHAN:

a) Panaskan minyak sayuran dalam kuali besar atau periuk di atas api sederhana.

b) Masukkan bawang besar dan bawang putih yang dikisar, tumis selama 2-3 minit sehingga layu dan naik bau.

c) Masukkan lada benggala merah dan kuning yang dipotong dadu, zucchini yang dipotong dadu, ubi keledek yang dipotong dadu, dan kuntum bunga kobis ke dalam kuali. Kacau hingga menyalut sayur dalam minyak.

d) Masak selama 5-6 minit sehingga sayur-sayuran mula lembut.

e) Dalam mangkuk kecil, pukul bersama serbuk kari Caribbean, jintan halus, ketumbar, lada cayenne, garam dan lada.

f) Taburkan campuran rempah di atas sayur-sayuran dalam kuali dan kacau rata.

g) Tuangkan santan dan kacau hingga sebati dengan rempah dan sayur.

h) Biarkan adunan mendidih dan tutup kuali. Biarkan ia masak selama kira-kira 15-20 minit, atau sehingga sayur-sayuran lembut dan rasa telah sebati.

i) Sesuaikan perasa jika perlu.

j) Hiaskan dengan cilantro segar yang dicincang.

k) Hidangkan kari sayuran Caribbean di atas nasi yang dimasak atau dengan roti untuk hidangan utama tropika yang enak dan berperisa.

l) Nikmati rasa bersemangat dan aromatik sayur-sayuran yang diselitkan kari!

50.Ayam Jerk dengan Mango Salsa

BAHAN-BAHAN:
- 4 dada ayam tanpa tulang dan tanpa kulit
- 2 sudu besar perasa jerk Jamaica
- 2 sudu besar minyak sayuran
- Garam dan lada sulah secukup rasa

MANGO SALSA:
- 1 biji mangga masak, dikupas, diadu dan dipotong dadu
- ½ bawang merah, dicincang halus
- ½ lada benggala merah, dicincang halus
- ½ lada jalapeno, biji, dan tulang rusuk dikeluarkan, dicincang halus
- Jus 1 biji limau purut
- 2 sudu besar cilantro segar yang dicincang
- Garam secukup rasa

ARAHAN:
a) Panaskan panggangan atau kuali pemanggang pada api sederhana tinggi.
b) Gosok dada ayam dengan perasa jerk Jamaica, minyak sayuran, garam dan lada sulah.
c) Bakar ayam selama kira-kira 6-8 minit setiap sisi, atau sehingga masak dan hangus dengan baik. Suhu dalaman hendaklah mencapai 165°F (74°C).
d) Keluarkan ayam dari panggangan dan biarkan ia berehat selama beberapa minit.
e) Sementara itu, sediakan salsa mangga dengan menggabungkan mangga potong dadu, bawang merah yang dicincang halus, lada benggala merah yang dicincang halus, lada jalapeno yang dicincang halus, jus limau nipis, ketumbar segar yang dicincang, dan garam dalam mangkuk. Gaul sebati hingga sebati.
f) Potong ayam jerk panggang dan hidangkan dengan sesudu salsa mangga di atasnya.
g) Hidangkan ayam jerk dengan salsa mangga sebagai hidangan utama tropika dan pedas.
h) Nikmati perasa jerk yang berani dan berperisa digandingkan dengan salsa mangga yang menyegarkan dan berbuah!

51. Tulang Rusuk Babi BBQ Hawaii

BAHAN-BAHAN:
- 2 rak tulang rusuk babi
- 1 cawan jus nanas
- ½ cawan sos tomato
- ¼ cawan kicap
- ¼ cawan gula perang
- 2 sudu besar cuka beras
- 2 ulas bawang putih, dikisar
- 1 sudu kecil halia parut
- Garam dan lada sulah secukup rasa

ARAHAN:

a) Panaskan ketuhar hingga 325°F (163°C).

b) Dalam mangkuk, pukul bersama jus nanas, sos tomato, kicap, gula perang, cuka beras, bawang putih kisar, halia parut, garam dan lada sulah.

c) Letakkan rak tulang rusuk babi dalam hidangan pembakar besar atau kuali panggang.

d) Tuangkan perapan ke atas rusuk, pastikan ia bersalut pada semua sisi. Rizab sedikit perapan untuk perapan.

e) Tutup pinggan dengan kerajang aluminium dan letakkan di dalam ketuhar yang telah dipanaskan.

f) Bakar tulang rusuk selama kira-kira 2 jam, atau sehingga ia empuk dan daging mula tercabut dari tulang.

g) Keluarkan kerajang dan lumurkan tulang rusuk dengan perapan yang telah disediakan.

h) Naikkan suhu ketuhar kepada 400°F (200°C) dan kembalikan rusuk ke dalam ketuhar, tidak bertutup.

i) Bakar selama 15-20 minit tambahan, atau sehingga tulang rusuk menjadi karamel dengan baik dan sos telah pekat.

j) Keluarkan dari ketuhar dan biarkan tulang rusuk berehat selama beberapa minit sebelum dihidangkan.

k) Hidangkan tulang rusuk babi BBQ Hawaii sebagai hidangan utama tropika dan berair.

l) Nikmati tulang rusuk yang lembut dan berperisa dengan sayu BBQ yang manis dan masam!

52. Steak Bakar Caribbean dengan Salsa Nanas

BAHAN-BAHAN:
- 2 paun stik flank
- 2 sudu besar perencah jerk Caribbean
- 2 sudu besar minyak sayuran
- Garam dan lada sulah secukup rasa

SALSA NENAS:
- 1 cawan nenas potong dadu
- ½ bawang merah, dicincang halus
- ½ lada benggala merah, dicincang halus
- ½ lada jalapeno, biji, dan tulang rusuk dikeluarkan, dicincang halus
- Jus 1 biji limau purut
- 2 sudu besar cilantro segar yang dicincang
- Garam secukup rasa

ARAHAN:

a) Panaskan panggangan atau kuali pemanggang pada api sederhana tinggi.

b) Gosok stik flank dengan perasa jerk Caribbean, minyak sayuran, garam dan lada sulah.

c) Bakar stik selama kira-kira 4-6 minit setiap sisi, atau sehingga ia mencapai tahap kesedapan yang diingini. Biarkan ia berehat beberapa minit sebelum dihiris.

d) Sementara itu, sediakan salsa nanas dengan menggabungkan nanas yang dipotong dadu, bawang merah yang dicincang halus, lada benggala merah yang dicincang halus, lada jalapeno yang dicincang halus, jus limau nipis, ketumbar segar yang dicincang, dan garam dalam mangkuk. Gaul sebati hingga sebati.

e) Potong stik panggang dengan bijirin dan hidangkan dengan sesudu besar salsa nanas di atasnya.

f) Hidangkan stik panggang Caribbean dengan salsa nanas sebagai hidangan utama tropika dan berperisa.

PENJERAHAN TRAPIKAL

53. Pavlova buah tropika

BAHAN-BAHAN:
- 4 putih telur besar pada suhu bilik
- 1 secubit garam
- 225 gram gula kastor
- 2 sudu kecil tepung jagung
- 1 secubit krim tartar
- 1 sudu teh cuka wain putih
- 4 titik ekstrak Vanila
- 2 Buah markisa
- Buah tropika masak seperti mangga; kiwi, belimbing, dan cape gooseberry
- 150 mililiter Krim ganda
- 200 mililiter creme fraiche

ARAHAN :

a) Panaskan ketuhar kepada 150c/300f/Gas 2.

b) Lapik loyang dengan kertas pembakar tidak melekat dan lukis pada bulatan 22cm/9". Untuk Meringue: Pukul putih telur dan garam dalam mangkuk besar dan bersih sehingga puncak kaku terbentuk.

c) Pukul gula satu pertiga pada satu masa, pukul rata antara setiap penambahan sehingga kaku dan sangat berkilat. Taburkan di atas tepung jagung, krim tartar, cuka, dan ekstrak vanila, dan lipat perlahan-lahan.

d) Letakkan meringue di atas kertas di dalam bulatan, pastikan terdapat rongga yang besar di tengahnya.

e) Letakkan di dalam ketuhar dan segera kecilkan api kepada 120c/250f/Gas ¼ dan masak selama 1½-2 jam sehingga perang pucat tetapi sedikit lembut di tengahnya. Matikan ketuhar, biarkan pintu terbuka sedikit, dan biarkan sejuk sepenuhnya.

f) Untuk Pengisian: Belah separuh buah markisa dan cedok pulpanya. Kupas dan potong buah pilihan anda mengikut keperluan.

g) Letakkan krim dalam mangkuk dan pukul sehingga pekat, dan kemudian lipat dalam fraiche creme. Kupas kertas dari pavlova dan letakkan di atas pinggan.

h) Tumpukan pada campuran krim dan susun buah di atas, diakhiri dengan pulpa buah markisa. Hidangkan sekali gus.

54.Sorbet Margarita Tropika

BAHAN-BAHAN:
- 1 cawan gula
- 1 cawan puri buah markisa
- 1½ paun mangga masak, dikupas, diadu dan dipotong dadu
- Kulit parut 2 biji limau purut
- 2 sudu besar tequila Blanco (putih).
- 1 sudu besar minuman keras oren
- 1 sudu besar sirap jagung ringan
- ½ sudu teh garam halal

ARAHAN:
a) Dalam periuk kecil, satukan gula dan puri buah markisa.
b) Didihkan dengan api sederhana, kacau untuk melarutkan
c) gula. Keluarkan dari api dan biarkan sejuk.
d) Dalam pengisar, satukan campuran buah markisa, mangga kiub, kulit limau nipis, tequila, minuman keras oren, sirap jagung dan garam. Haluskan hingga halus.
e) Tuangkan adunan ke dalam mangkuk, tutup, dan sejukkan sehingga sejuk, sekurang-kurangnya 4 jam atau sehingga semalaman.
f) Bekukan dan kisar dalam pembuat ais krim mengikut arahan pengilang.
g) Untuk konsistensi yang lembut (yang terbaik, pada pendapat saya), sajikan sorbet dengan segera; untuk konsistensi yang lebih pejal, pindahkan ke dalam bekas, tutupnya, dan biarkan ia mengeras di dalam peti sejuk selama 2 hingga 3 jam.

55. Gelato Tropika Kelapa & Nanas

BAHAN-BAHAN:
- 1 Telur
- 50 gram Gula
- 250 ml santan
- 200 ml krim kental
- ½ daripada sebiji nanas keseluruhan Nanas segar
- 1 Rum

ARAHAN:

a) Gunakan mangkuk terbesar anda, kerana anda akan mencampurkan semua bahan ke dalam mangkuk yang sama yang akan anda gunakan untuk menyebat krim.

b) Asingkan kuning telur dan putih. Buat meringue yang keras menggunakan putih telur dan separuh gula. Satukan separuh lagi gula dengan kuning telur dan gaul sehingga putih.

c) Pukul krim berat sehingga membentuk puncak yang sedikit lembut. Masukkan santan dan gaul rata.

d) Sama ada nenas dicincang halus atau tumbuk dengan pengisar menjadi pes yang sedikit kasar.

e) Persediaan selesai pada ketika ini. Tidak perlu terlalu tepat. Campurkan semuanya ke dalam mangkuk krim berat dan santan. Selain itu, masukkan meringue dan gaul rata.

f) Tuangkan ke dalam kotak Tupperware dan bekukan hingga habis. Anda tidak perlu mengacaunya di tengah-tengah.

g) Jika anda mengisar nanas menjadi pes halus, hasilnya akan menjadi lebih sutera dan lebih seperti gelato asli.

h) Sebaik sahaja anda mencedok gelato ke dalam hidangan, cuba tuangkan sedikit rum. Rasanya luar biasa, sama seperti koktel piña colada.

56.Sedikit tropika

BAHAN-BAHAN:
- Tiga 12 auns tin susu sejat
- 4 cawan susu penuh
- 1 cawan Ditambah 2 sudu besar gula
- 6 kuning telur dipukul ringan
- 2 sudu besar sherry manis atau wain pencuci mulut
- 1 sudu teh Vanila
- 1 cawan strawberi dihiris
- 12 keping Kek pon lama atau 24 keping
- Ladyfinger atau 36 biji makaroni
- 3 biji mangga, kupas & hiris
- 5 biji kiwi, kupas & hiris
- 1 cawan anggur merah tanpa biji dibelah dua

ARAHAN:
a) Panaskan susu dalam periuk dengan api perlahan.
b) Masukkan 1 cawan gula & kuning, pukul perlahan supaya telur tidak berketul.
c) Teruskan masak, kacau sentiasa, sehingga adunan menjadi sangat pekat.
d) Jangan biarkan ia mendidih atau ia akan berkerut. Masukkan sherry & vanilla.
e) Keluarkan dari haba & sejukkan. Satukan buah beri dengan 2 Sudu Besar gula dan ketepikan.
f) Lapik hidangan kecil dengan hirisan kek.
g) Tuang separuh daripada kastard yang telah disejukkan ke atas kek, kemudian masukkan separuh daripada buah, termasuk buah beri.
h) Masukkan lagi lapisan kek & atas dengan baki kastard, kemudian buah.
i) Sejukkan sehingga masa hidangan. Jika mahu, taburkan lebih banyak sherry di atas trifle sebelum dihidangkan.

57.Aiskrim Gulung Tropika

BAHAN-BAHAN:
- Aiskrim Vanila Gulung
- 1½ cawan ketulan mangga beku yang telah dicairkan
- Pewarna makanan kuning

TOPPING
- Krim putar kelapa, dicairkan
- Mangga segar, dicincang
- Kerepek kelapa bakar

ARAHAN:
a) Sediakan aiskrim gulung vanila seperti yang diarahkan, kecuali menggabungkan bahan dalam pengisar dengan 1-½ cawan ketulan mangga beku yang dicairkan dan diwarnakan dengan pewarna makanan kuning.
b) Tutup dan gaul hingga rata.
c) Gulung sejuk beku teratas dengan krim putar kelapa cair, mangga cincang dan kerepek kelapa panggang.

58.Mousse Buah Tropika

BAHAN-BAHAN:
- 1 cawan jus nanas tanpa gula
- 1 cawan jus beri organik segar
- 1 cawan krim putar tanpa gula

ARAHAN:
a) Panaskan dengan api yang tinggi.
b) Kecilkan api kepada sederhana dan reneh, kacau sentiasa, selama 5 minit sehingga adunan pekat.
c) Keluarkan dari api dan sejukkan sepenuhnya.
d) Lipat krim putar ke dalam campuran jus yang telah disejukkan.
e) Sudukan ke dalam 6 hidangan individu dan sejukkan sehingga sejuk.

59. Serbet buah tropika

BAHAN-BAHAN:
- 2 cawan buah tropika masak yang telah dikupas dan dicincang
- 1 cawan sirap gula
- 2 biji limau nipis
- 1 cawan susu penuh atau buttermilk

ARAHAN:

a) Puré atau campurkan buah tropika, kemudian tekan melalui ayak berjaring halus jika anda suka tekstur yang licin.

b) Pukul dalam sirap gula, kulit parut halus 1 limau nipis dan jus kedua-duanya, dan susu.

c) Tuangkan ke dalam bekas penyejuk beku dan beku, menggunakan kaedah bancuhan tangan , pecah dua atau tiga kali semasa pembekuan.

d) Bekukan sehingga padat, kemudian cedok ke dalam cangkerang nanas kecil yang dibelah dua atau hidangan hidangan dan taburkan buah pala yang baru diparut.

e) Hidangkan dengan buah-buahan tropika kecil seperti laici, anggur atau serpihan kelapa segar yang dibakar.

f) Aiskrim ini boleh dibekukan sehingga 1 bulan.

g) Keluarkan dari peti sejuk 10 minit sebelum dihidangkan untuk lembut.

60. Mango Coconut Chia Popsicles

BAHAN-BAHAN:
- 2 biji mangga masak, dikupas dan diadu
- 1 cawan santan
- 2 sudu besar madu atau sirap maple
- 2 sudu besar biji chia

ARAHAN:
a) Dalam pengisar, satukan mangga masak, santan dan madu atau sirap maple.
b) Kisar sehingga licin dan berkrim.
c) Kacau dalam biji chia dan biarkan adunan selama 5 minit untuk membolehkan biji chia menjadi pekat.
d) Tuangkan bancuhan chia kelapa mangga ke dalam acuan popsicle.
e) Masukkan batang popsicle dan beku selama sekurang-kurangnya 4 jam atau sehingga beku sepenuhnya.
f) Setelah beku, keluarkan popsikel dari acuan dan nikmati popsikel chia kelapa mangga tropika pada hari yang panas!

61. Mango Coconut Panna Cotta

BAHAN-BAHAN:
- 1 cawan puri mangga
- 1 cawan santan
- ¼ cawan gula
- 1 sudu teh ekstrak vanila
- 2 sudu teh serbuk gelatin
- 2 sudu besar air

ARAHAN:
a) Dalam mangkuk kecil, taburkan gelatin di atas air dan biarkan ia mekar selama 5 minit.
b) Dalam periuk, panaskan puri mangga, santan, gula, dan ekstrak vanila di atas api sederhana sehingga ia mula mendidih.
c) Keluarkan dari api dan pukul dalam gelatin yang mekar sehingga larut sepenuhnya.
d) Tuangkan adunan ke dalam gelas hidangan individu atau ramekin.
e) Sejukkan selama sekurang-kurangnya 4 jam, atau sehingga ditetapkan.
f) Hidangkan sejuk dan hiaskan dengan hirisan mangga segar atau kelapa parut.

62. Kek cawan Piña Colada

BAHAN-BAHAN:
- 1 ½ cawan tepung serba guna
- 1 ½ sudu teh serbuk penaik
- ¼ sudu teh garam
- ½ cawan mentega tanpa garam, dilembutkan
- 1 cawan gula pasir
- 2 biji telur besar
- 1 sudu teh ekstrak vanila
- ½ cawan jus nanas dalam tin
- ¼ cawan santan
- ¼ cawan kelapa parut

ARAHAN:
a) Panaskan ketuhar hingga 350°F (175°C) dan alaskan loyang muffin dengan pelapik kek cawan.
b) Dalam mangkuk, pukul bersama tepung, serbuk penaik, dan garam.
c) Dalam mangkuk besar yang berasingan, pukul bersama mentega dan gula sehingga ringan dan gebu.
d) Pukul telur, satu demi satu, diikuti dengan ekstrak vanila.
e) Masukkan bahan kering secara beransur-ansur ke dalam bahan basah, berselang seli dengan jus nanas dan santan.
f) Masukkan kelapa parut tadi.
g) Bahagikan adunan sama rata di antara pelapik kek cawan.
h) Bakar selama 18-20 minit, atau sehingga pencungkil gigi yang dimasukkan ke tengah keluar bersih.
i) Keluarkan dari ketuhar dan biarkan kek cawan sejuk sepenuhnya.
j) Frost dengan frosting buttercream kelapa dan hiaskan dengan ketulan nanas dan kelapa parut.

63. Mousse Buah Markisa

BAHAN-BAHAN:
- 1 cawan pulpa markisa (tapis untuk mengeluarkan biji)
- 1 cawan krim berat
- ½ cawan susu pekat manis
- ½ sudu teh ekstrak vanila
- Biji markisa segar untuk hiasan (pilihan)

ARAHAN:

a) Dalam mangkuk adunan, pukul krim kental sehingga soft peak terbentuk.

b) Dalam mangkuk yang berasingan, satukan pulpa buah markisa, susu pekat manis dan ekstrak vanila. Gaul sebati.

c) Masukkan krim putar perlahan-lahan ke dalam adunan markisa sehingga sebati.

d) Tuangkan adunan ke dalam gelas hidangan atau ramekin.

e) Sejukkan sekurang-kurangnya 2 jam, atau sehingga ditetapkan.

f) Sebelum dihidangkan, hiaskan dengan biji markisa segar jika mahu.

g) Nikmati rasa ringan dan tropika mousse buah markisa.

64.Nasi Melekit Mangga

BAHAN-BAHAN:
- 1 cawan pulut (pulut)
- 1 cawan santan
- ½ cawan gula pasir
- ¼ sudu teh garam
- 2 biji mangga masak, dihiris
- Biji bijan panggang untuk hiasan (pilihan)

ARAHAN:

a) Bilas pulut di bawah air sejuk sehingga airnya jernih.

b) Dalam periuk, satukan beras yang telah dibilas, santan, gula dan garam.

c) Masak campuran di atas api sederhana sederhana, kacau kerap, sehingga nasi menyerap cecair dan menjadi melekit dan lembut (kira-kira 20-25 minit).

d) Keluarkan dari api dan biarkan ia sejuk sedikit.

e) Hidangkan pulut mangga dengan meletakkan busut beras di atas pinggan atau mangkuk dan susun buah mangga yang dihiris di atasnya.

f) Taburkan dengan biji bijan panggang untuk rasa rangup dan pedas tambahan.

65.Kek Keju Jambu Batu

BAHAN-BAHAN:
UNTUK KERAK:
- 1 ½ cawan serbuk keropok graham
- 1/4 cawan mentega cair
- 2 sudu besar gula pasir

UNTUK PENGISIAN:
- 24 auns (680g) krim keju, dilembutkan
- 1 cawan gula pasir
- 3 biji telur besar
- 1 sudu teh ekstrak vanila
- 1 cawan pes jambu batu, cair dan sejukkan

UNTUK TOPPING JAMBU:
- 1 cawan puri jambu batu atau jus jambu batu
- 1/4 cawan gula pasir
- 1 sudu besar tepung jagung
- 1 sudu besar air

ARAHAN:
a) Panaskan ketuhar anda kepada 325°F (163°C). Griskan loyang springform 9 inci (23 cm) dan ketepikan.

b) Dalam mangkuk sederhana, gabungkan serbuk keropok graham, mentega cair dan gula pasir untuk kerak. Gaul rata sehingga adunan menyerupai pasir basah.

c) Tekan adunan serbuk secara rata ke bahagian bawah kuali springform yang disediakan. Gunakan bahagian belakang sudu atau gelas beralas rata untuk menekannya dengan kuat.

d) Dalam mangkuk adunan besar, pukul keju krim dan gula pasir bersama-sama sehingga licin dan berkrim. Masukkan telur, satu demi satu, pukul sebati selepas setiap penambahan. Masukkan ekstrak vanila.

e) Tuangkan pes jambu batu yang telah dicairkan dan sejukkan ke dalam adunan cream cheese dan pukul sehingga sebati. Pastikan tiada ketulan.

f) Tuangkan inti kek keju ke atas kerak dalam kuali springform. Ratakan bahagian atas dengan spatula.

g) Letakkan kuali springform pada lembaran pembakar untuk menangkap sebarang kemungkinan kebocoran semasa membakar.

Bakar dalam ketuhar yang telah dipanaskan selama kira-kira 55-60 minit, atau sehingga tepi ditetapkan dan bahagian tengahnya sedikit bergoyang.

h) Keluarkan kek keju dari ketuhar dan biarkan ia sejuk pada suhu bilik. Kemudian, sejukkannya sekurang-kurangnya 4 jam atau semalaman untuk set sepenuhnya.

i) Semasa kek keju sejuk, sediakan topping jambu batu. Dalam periuk, satukan puri jambu batu atau jus jambu batu, gula pasir, tepung jagung, dan air. Kacau rata untuk larutkan tepung jagung.

j) Letakkan periuk di atas api sederhana dan masak, kacau sentiasa, sehingga adunan menjadi pekat dan mendidih perlahan. Keluarkan dari haba dan biarkan ia sejuk.

k) Setelah kek keju sejuk sepenuhnya dan ditetapkan, keluarkannya dari kuali springform. Tuangkan topping jambu batu ke atas kek keju, ratakan.

l) Kembalikan kek keju ke dalam peti sejuk selama kira-kira 1 jam untuk membenarkan topping jambu batu mengeras.

66. Kek Terbalik Nanas

BAHAN-BAHAN:
UNTUK TOPPING:
- ¼ cawan mentega tanpa garam
- ⅔ cawan gula perang yang dibungkus
- 1 tin (20 oz) hirisan nanas, toskan
- Ceri Maraschino untuk hiasan

UNTUK KEK:
- 1 ½ cawan tepung serba guna
- 2 sudu teh serbuk penaik
- ½ sudu teh garam
- ½ cawan mentega tanpa garam, dilembutkan
- 1 cawan gula pasir
- 2 biji telur besar
- 1 sudu teh ekstrak vanila
- ½ cawan jus nanas

ARAHAN:

a) Panaskan ketuhar hingga 350°F (175°C) dan griskan loyang kek bulat 9 inci.

b) Dalam periuk, cairkan mentega untuk topping dengan api sederhana.

c) Masukkan gula merah kacau hingga larut dan menggelegak.

d) Tuang adunan ke dalam loyang kek yang telah digris, ratakan.

e) Susun hirisan nenas di atas adunan gula perang. Letakkan ceri maraschino di tengah setiap kepingan nanas.

f) Dalam mangkuk, pukul bersama tepung, serbuk penaik, dan garam untuk kek.

g) Dalam mangkuk besar yang berasingan, pukul bersama mentega dan gula sehingga ringan dan gebu.

h) Pukul telur, satu demi satu, diikuti dengan ekstrak vanila.

i) Masukkan bahan kering secara beransur-ansur ke dalam bahan basah, berselang seli dengan jus nanas.

j) Tuangkan adunan ke atas hirisan nenas dalam loyang kek.

k) Bakar selama 40-45 minit, atau sehingga pencungkil gigi yang dimasukkan ke tengah keluar bersih.

l) Keluarkan dari ketuhar dan biarkan kek sejuk dalam kuali selama 10 minit.

m) Terbalikkan kek ke atas pinggan hidangan, keluarkan kuali dengan berhati-hati.

n) Hidangkan kek terbalik nanas dalam keadaan hangat atau pada suhu bilik, menunjukkan topping nanas karamel.

67. Makaroni Kelapa

BAHAN-BAHAN:
- 2 ⅔ cawan kelapa parut
- ⅔ cawan susu pekat manis
- 1 sudu teh ekstrak vanila

ARAHAN:

a) Panaskan ketuhar hingga 325°F (163°C) dan alaskan loyang dengan kertas parchment.

b) Dalam mangkuk, satukan kelapa parut, susu pekat manis dan ekstrak vanila. Gaul sebati sehingga sebati sepenuhnya.

c) Menggunakan sudu besar atau sudu biskut, jatuhkan busut bulat bancuhan kelapa ke atas loyang yang disediakan, jarakkannya kira-kira 2 inci.

d) Bakar selama 15-18 minit, atau sehingga bahagian tepi berwarna perang keemasan.

e) Keluarkan dari ketuhar dan biarkan macaroon sejuk di atas loyang selama beberapa minit.

f) Pindahkan makaroni ke rak dawai untuk menyejukkan sepenuhnya.

g) Pilihan: Siram coklat cair ke atas makaroni yang telah disejukkan untuk menambah rasa manis dan rasa.

h) Hidangkan makaroni kelapa sebagai pencuci mulut tropika yang menarik dan kenyal.

68. Aiskrim Kelapa Nanas

BAHAN-BAHAN:
- 2 cawan santan dalam tin
- 1 cawan nanas hancur, toskan
- ½ cawan gula pasir
- 1 sudu teh ekstrak vanila

ARAHAN:

a) Dalam pengisar atau pemproses makanan, satukan santan, nanas hancur, gula dan ekstrak vanila. Kisar sehingga sebati dan sebati.

b) Tuangkan adunan ke dalam pembuat aiskrim dan kisar mengikut arahan pengilang.

c) Setelah ais krim mencapai konsistensi hidangan lembut, pindahkan ke dalam bekas bertutup.

d) Bekukan ais krim selama beberapa jam, atau sehingga pejal.

e) Hidangkan ais krim kelapa nanas dalam mangkuk atau kon, dan nikmati rasa tropika.

69. Puding Beras Kelapa

BAHAN-BAHAN:
- 1 cawan beras melati
- 2 cawan air
- 2 cawan santan
- ½ cawan gula pasir
- ½ sudu teh garam
- ½ sudu teh ekstrak vanila
- Serpihan kelapa bakar untuk hiasan (pilihan)

ARAHAN:

a) Dalam periuk, satukan beras melati dan air. Didihkan, kemudian kecilkan api, tutup dan reneh selama kira-kira 15 minit atau sehingga nasi masak dan airnya diserap.

b) Masukkan santan, gula pasir, garam, dan ekstrak vanila ke dalam nasi yang telah dimasak. Kacau rata hingga sebati.

c) Masak adunan di atas api sederhana sederhana, kacau sekali-sekala, selama 15-20 minit atau sehingga nasi menyerap santan dan puding menjadi pekat.

d) Keluarkan dari api dan biarkan ia sejuk sedikit.

e) Hidangkan puding nasi kelapa suam atau sejuk.

f) Hiaskan dengan kepingan kelapa bakar untuk menambah tekstur dan rasa.

70.Tart Kelapa Mangga

BAHAN-BAHAN:
UNTUK KERAK:
- 1 ½ cawan serbuk keropok graham
- ¼ cawan gula pasir
- ½ cawan mentega tanpa garam, cair

UNTUK PENGISIAN:
- 2 cawan ketulan mangga masak
- 1 cawan santan
- ½ cawan gula pasir
- ¼ cawan tepung jagung
- ¼ sudu teh garam
- ½ cawan kelapa parut
- Hiris mangga untuk hiasan (pilihan)

ARAHAN:
a) Panaskan ketuhar hingga 350°F (175°C) dan griskan kuali tart 9 inci.
b) Dalam mangkuk, satukan serbuk keropok graham, gula pasir dan mentega cair untuk kerak. Gaul sebati.
c) Tekan campuran kerak ke bahagian bawah dan sisi kuali tart, mewujudkan lapisan yang sekata.
d) Bakar kerak selama 10 minit, kemudian keluarkan dari ketuhar dan biarkan ia sejuk.
e) Dalam pengisar atau pemproses makanan, kisar ketulan mangga sehingga halus.
f) Dalam periuk, pukul bersama santan, gula pasir, tepung jagung, dan garam untuk inti.
g) Masak campuran di atas api sederhana, kacau sentiasa, sehingga ia pekat dan mendidih.
h) Angkat dari api dan kacau dalam mangga yang telah dikisar dan kelapa parut.
i) Tuangkan inti kelapa mangga ke dalam kulit yang telah dibakar.
j) Ratakan bahagian atas dengan spatula.
k) Bakar selama 15-20 minit tambahan, atau sehingga inti ditetapkan dan bahagian tepi berwarna keemasan.
l) Keluarkan dari ketuhar dan biarkan ia sejuk sepenuhnya di dalam kuali.
m) Setelah sejuk, sejukkan sekurang-kurangnya 2 jam untuk menyejukkan dan set.
n) Sebelum dihidangkan, hiaskan dengan hirisan mangga, jika mahu.
o) Hiris dan sajikan tart kelapa mangga sebagai pencuci mulut tropika dan berkrim.

71. Sorbet Limau Betik

BAHAN-BAHAN:
- 2 cawan ketul betik masak
- ½ cawan gula pasir
- ¼ cawan air
- Jus 2 biji limau purut
- Kulit limau nipis untuk hiasan (pilihan)

ARAHAN:

a) Dalam pengisar atau pemproses makanan, kisar ketulan betik sehingga halus.

b) Dalam periuk, satukan gula pasir dan air. Panaskan di atas api sederhana sehingga gula larut sepenuhnya, menghasilkan sirap mudah.

c) Keluarkan dari haba dan biarkan sirap mudah sejuk ke suhu bilik.

d) Dalam mangkuk, campurkan betik dan jus limau nipis yang telah dikisar.

e) Masukkan sirap ringkas hingga sebati.

f) Tuangkan adunan ke dalam pembuat aiskrim dan kisar mengikut arahan pengilang.

g) Pindahkan sorbet ke dalam bekas bertutup dan beku selama beberapa jam, atau sehingga pejal.

h) Hidangkan sorbet limau betik dalam mangkuk atau kon.

i) Hiaskan dengan perahan limau nipis untuk mendapatkan tambahan rasa sitrus.

72.Puding Pisang Kelapa

BAHAN-BAHAN:
- 3 biji pisang masak besar
- 1 tin (13.5 oz) santan
- ½ cawan gula pasir
- ¼ cawan tepung jagung
- ¼ sudu teh garam
- 1 sudu teh ekstrak vanila
- ½ cawan kelapa parut untuk hiasan (pilihan)

ARAHAN:

a) Dalam pengisar atau pemproses makanan, kisar pisang masak sehingga halus.

b) Dalam periuk, pukul bersama santan, gula pasir, tepung jagung, dan garam.

c) Masak campuran di atas api sederhana, kacau sentiasa, sehingga ia pekat dan mendidih.

d) Angkat dari api dan campurkan pisang dan ekstrak vanila yang telah dikisar.

e) Tuangkan puding pisang kelapa ke dalam mangkuk hidangan atau ramekin.

f) Sejukkan sekurang-kurangnya 2 jam, atau sehingga sejuk dan set.

g) Sebelum dihidangkan, hiaskan dengan kelapa parut, jika suka.

h) Nikmati rasa krim dan tropika puding pisang kelapa.

73. Hancur Kelapa Nanas

BAHAN-BAHAN:
UNTUK PENGISIAN:
- 4 cawan ketulan nanas segar
- ¼ cawan gula pasir
- 2 sudu besar tepung jagung
- 1 sudu besar jus lemon segar

UNTUK TOPPING CRUMBLE:
- 1 cawan tepung serba guna
- ½ cawan gula pasir
- ½ cawan mentega tanpa garam, cair
- ½ cawan kelapa parut

ARAHAN:
a) Panaskan ketuhar hingga 350°F (175°C) dan griskan loyang.
b) Dalam mangkuk, satukan ketulan nanas, gula pasir, tepung jagung dan jus lemon untuk mengisi. Gaul rata sehingga nenas bersalut.
c) Tuangkan inti nanas ke dalam loyang yang telah digris.
d) Dalam mangkuk yang berasingan, satukan tepung serba guna, gula pasir, mentega cair dan kelapa parut untuk topping hancur. Gaul sehingga adunan menyerupai serbuk kasar.
e) Taburkan topping crumble tadi ke atas inti nanas dalam loyang.
f) Bakar selama 30-35 minit, atau sehingga topping berwarna perang keemasan dan isi nanas berbuih.
g) Keluarkan dari ketuhar dan biarkan ia sejuk sedikit.
h) Hidangkan serbuk kelapa nanas hangat dengan satu sudu ais krim vanila atau sebiji krim putar untuk pencuci mulut tropika yang menarik.

MINUMAN TROPIKA

74. Air Tropika

BAHAN-BAHAN:
- 1 tangkai pudina atau selasih segar
- 1 tangerine, dikupas
- ½ mangga, dikupas dan dipotong dadu
- Air yang ditapis

ARAHAN:
a) Masukkan pudina, tangerine, dan mangga ke dalam periuk kaca.
b) Isi dengan air yang ditapis.
c) Curam selama 2 jam di dalam peti ais.
d) Tuangkan ke dalam gelas hidangan.

75. Syurga tropika

BAHAN-BAHAN:
- 1 buah kiwi, dikupas dan dicincang
- 1 biji vanila, belah sepanjang
- ½ biji mangga, potong dadu

ARAHAN:
a) Masukkan mangga, kiwi dan kacang vanila ke dalam periuk 64 auns.
b) Masukkan ke dalam air yang ditapis atau air kelapa.
c) Sejukkan sebelum dihidangkan.

76. Teh ais tropika

BAHAN-BAHAN:
- 1 cawan jus oren segar
- 1 cawan nanas
- ½ cawan sirap agave
- 12 cawan air mendidih
- 12 uncang teh
- 3 cawan soda lemon

ARAHAN:
a) Letakkan air mendidih dan uncang teh dalam teko;
b) Biarkan ia curam.
c) Letakkan dalam peti ais sehingga ia sejuk.
d) Letakkan nanas dan jus oren ke dalam pengisar anda.
e) Puree sehingga adunan sekata dan licin.
f) Letakkan puri nanas di dalam periuk.
g) campurkan dalam sirap agave dan soda lemon.
h) Kacau dan hidangkan sejuk.

77. Smoothie Hijau Tropika Pedas

BAHAN-BAHAN:
- 2 cawan daun bayam padat
- 1 cawan ketulan nanas beku
- 1 cawan ketulan mangga beku
- 1 tangerine kecil, dikupas dan diadu, atau jus 1 kapur
- 1 cawan air kelapa
- ¼ sudu teh lada cayenne (pilihan)

ARAHAN:
a) Satukan semua bahan dalam pengisar dan kisar dengan tinggi sehingga rata.
b) Nikmati kesejukan.

78.Smoothie tangerine tropika

BAHAN-BAHAN:
- 2 buah tangerin dikupas & dibelah
- ½ cawan nanas
- 1 pisang beku

ARAHAN:
a) Campurkan dengan ½ hingga 1 cawan cecair.
b) Nikmati

79.Smoothie Quinoa Tropika

BAHAN-BAHAN:
- ¼ cawan quinoa masak
- ¼ cawan santan ringan
- ⅓ cawan ketulan mangga beku
- ⅓ cawan ketulan nanas beku
- ½ pisang beku
- 1 Sudu besar kelapa parut tanpa gula
- 1 sudu besar gula kelapa, secukup rasa
- ½ sudu teh vanila

ARAHAN:
a) Satukan semua bahan dalam pengisar sehingga rata.
b) Laraskan konsistensi secukup rasa dengan menambah lebih banyak susu untuk smoothie yang lebih nipis, dan ais atau sedikit yogurt untuk smoothie yang lebih pekat.
c) Nikmati!

80. Tropicala

BAHAN-BAHAN:
- ½ cawan nanas
- ½ oren pusat sederhana dikupas
- 10 biji badam
- ¼ cawan santan
- Satu hirisan ¼ inci halia segar
- 1 sudu besar jus lemon segar
- ¼ sudu teh kunyit kisar atau satu hirisan ¼ inci segar
- 4 ketul ais

ARAHAN:
a) Satukan semua bahan dalam pengisar dan puri hingga rata.

81. Piña Colada

BAHAN-BAHAN:
- 2 auns rum
- 2 auns jus nanas
- 2 auns krim kelapa
- Baji nanas dan ceri untuk hiasan

ARAHAN:
a) Isi shaker dengan kiub ais.
b) Masukkan rum, jus nanas, dan krim kelapa ke dalam shaker.
c) Goncang dengan baik.
d) Tapis adunan tadi ke dalam gelas berisi ais.
e) Hiaskan dengan baji nanas dan ceri.
f) Hidangkan dan nikmati!

82.Strawberi Daiquiri

BAHAN-BAHAN:
- 2 auns rum
- 1-auns jus limau
- 1-auns sirap ringkas
- 4-5 strawberi segar
- kiub ais
- Strawberi untuk hiasan

ARAHAN:
a) Dalam pengisar, satukan rum, jus limau nipis, sirap ringkas, strawberi segar dan kiub ais.
b) Kisar sehingga licin dan berkrim.
c) Tuangkan adunan ke dalam gelas.
d) Hiaskan dengan strawberi.
e) Hidangkan dan nikmati!

83. Margarita Tropika

BAHAN-BAHAN:
- 2 auns tequila
- 1-auns jus limau
- 1-auns jus oren
- 1-auns jus nanas
- ½ auns sirap ringkas
- Baji limau nipis dan garam untuk rimming (pilihan)

ARAHAN:
a) Jika dikehendaki, rim kaca dengan garam dengan menggosokkan baji kapur di sekeliling rim dan mencelupkannya ke dalam garam.
b) Isi shaker dengan kiub ais.
c) Tambah tequila, jus limau nipis, jus oren, jus nanas dan sirap ringkas ke dalam shaker.
d) Goncang dengan baik.
e) Tapis adunan ke dalam gelas yang telah disediakan berisi ais.
f) Hiaskan dengan hirisan limau nipis.
g) Hidangkan dan nikmati!

84. Mocktail Hawaii Biru

BAHAN-BAHAN:
- 2 auns sirap curaçao biru
- 2 auns jus nanas
- 1-auns krim kelapa
- Hirisan nanas dan ceri untuk hiasan

ARAHAN:
a) Isi shaker dengan kiub ais.
b) Tambah sirap curaçao biru, jus nanas dan krim kelapa ke dalam shaker.
c) Goncang dengan baik.
d) Tapis adunan tadi ke dalam gelas berisi ais.
e) Hiaskan dengan hirisan nanas dan ceri.
f) Hidangkan dan nikmati minuman tropika bukan alkohol yang meriah ini!

85. Mango Mojito Mocktail

BAHAN-BAHAN:
- 1 biji mangga masak, kupas dan potong dadu
- 1-auns jus limau
- 1-auns sirap ringkas
- 6-8 helai daun pudina segar
- Air Soda
- Hirisan mangga dan tangkai pudina untuk hiasan

ARAHAN:
a) Dalam gelas, kacau kiub mangga dengan jus limau nipis dan sirap ringkas.
b) Masukkan kiub ais dan daun pudina yang koyak.
c) Teratas dengan air soda.
d) Kacau perlahan-lahan.
e) Hiaskan dengan hirisan mangga dan tangkai pudina.
f) Hidangkan dan nikmati mocktail yang menyegarkan ini!

86. Limau Kelapa

BAHAN-BAHAN:
- 1 cawan air kelapa
- ¼ cawan jus limau nipis
- 2 sudu besar sirap ringkas
- Hirisan limau nipis dan daun pudina untuk hiasan

ARAHAN:
a) Dalam periuk, satukan air kelapa, jus limau nipis dan sirap ringkas.
b) Kacau rata hingga sebati.
c) Masukkan kiub ais ke dalam gelas hidangan.
d) Tuangkan limau kelapa ke atas ais dalam setiap gelas.
e) Hiaskan dengan hirisan limau nipis dan daun pudina.
f) Kacau perlahan-lahan sebelum dihidangkan.
g) Nikmati rasa yang menyegarkan dan pedas dari mocktail limeade tropika ini!

87.Sangria Tropika

BAHAN-BAHAN:
- 1 botol wain putih
- 1 cawan jus nanas
- ½ cawan jus oren
- ¼ cawan rum
- 2 sudu besar sirap ringkas
- Pelbagai buah-buahan tropika
- Soda kelab (pilihan)
- Daun pudina untuk hiasan

ARAHAN:

a) Dalam periuk besar, gabungkan wain putih, jus nanas, jus oren, rum dan sirap ringkas.

b) Kacau rata hingga sebati.

c) Masukkan buah-buahan tropika yang dihiris ke dalam periuk kera.

d) Sejukkan selama sekurang-kurangnya 1 jam untuk membenarkan rasa bercampur.

e) Untuk menghidangkan, tuangkan sangria tropika ke dalam gelas berisi ais.

f) Jika mahu, tambahkan dengan percikan soda kelab untuk fizz.

g) Hiaskan dengan daun pudina.

h) Teguk dan nikmati sangria tropika yang berbuah dan menyegarkan!

88. Penyejuk Limau Tembikai

BAHAN-BAHAN:
- 2 cawan tembikai segar, dipotong dadu
- Jus 2 biji limau purut
- 2 sudu besar madu
- 1 cawan air berbuih
- Hirisan tembikai dan tangkai pudina untuk hiasan

ARAHAN:

a) Dalam pengisar, kisar tembikai segar sehingga halus.

b) Tapis jus tembikai ke dalam periuk untuk mengeluarkan sebarang pulpa.

c) Masukkan jus limau nipis dan madu ke dalam periuk tersebut.

d) Kacau rata untuk melarutkan madu.

e) Sejurus sebelum dihidangkan, masukkan air berbuih ke dalam periuk dan kacau perlahan-lahan.

f) Tuangkan penyejuk limau tembikai ke dalam gelas berisi ais.

g) Hiaskan dengan hirisan tembikai dan tangkai pudina.

h) Teguk dan nikmati penyejuk tropika yang menyegarkan dan menghidratkan ini!

89.Teh Hijau Mangga

BAHAN-BAHAN:
- 2 cawan teh hijau yang dibancuh, disejukkan
- 1 cawan ketulan mangga masak
- 1 sudu besar madu (pilihan)
- kiub ais
- Hirisan mangga untuk hiasan

ARAHAN:
a) Dalam pengisar, kisar ketulan mangga masak sehingga halus.
b) Dalam periuk, satukan teh hijau yang dibancuh dan puri mangga.
c) Kacau rata hingga sebati.
d) Jika dikehendaki, tambah madu untuk memaniskan teh.
e) Isikan gelas hidangan dengan ketulan ais.
f) Tuangkan teh hijau mangga ke atas ais dalam setiap gelas.
g) Hiaskan dengan hirisan mangga.
h) Kacau perlahan-lahan sebelum dihidangkan.
i) Nikmati perisa tropika teh hijau mangga yang menyegarkan ini!

90. Tumbukan Tropika

BAHAN-BAHAN:
- 2 cawan jus nanas
- 1 cawan jus oren
- ½ cawan jus kranberi
- ¼ cawan jus limau nipis
- 2 cawan minuman halia
- Hirisan nenas dan hirisan oren untuk hiasan

ARAHAN:

a) Dalam periuk, satukan jus nanas, jus oren, jus kranberi dan jus limau.
b) Kacau rata hingga sebati.
c) Sebelum dihidangkan, masukkan halia ke dalam periuk dan kacau perlahan-lahan.
d) Isikan gelas hidangan dengan ketulan ais.
e) Tuangkan tumbukan tropika ke atas ais dalam setiap gelas.
f) Hiaskan dengan hirisan nenas dan hirisan oren.
g) Kacau perlahan-lahan sebelum dihidangkan.
h) Nikmati rasa buah-buahan dan tropika tumbukan yang menyegarkan ini!

91. Teh Ais Bunga Raya

BAHAN-BAHAN:
- 4 cawan air
- 4 uncang teh bunga raya
- ¼ cawan madu atau gula (sesuaikan dengan rasa)
- Hirisan lemon dan daun pudina untuk hiasan

ARAHAN:
a) Dalam periuk, masak air sehingga mendidih.
b) Angkat dari api dan masukkan uncang teh bunga raya.
c) Biarkan teh curam selama 10-15 minit.
d) Keluarkan uncang teh dan kacau dengan madu atau gula sehingga larut.
e) Biarkan teh sejuk pada suhu bilik, kemudian sejukkan sehingga sejuk.
f) Isikan gelas hidangan dengan ketulan ais.
g) Tuangkan teh ais bunga raya ke atas ais dalam setiap gelas.
h) Hiaskan dengan hirisan lemon dan daun pudina.
i) Kacau perlahan-lahan sebelum dihidangkan.
j) Teguk dan nikmati teh bunga raya yang meriah dan menyegarkan!

92.Kopi Ais Tropika

BAHAN-BAHAN:
- 1 cawan kopi yang dibancuh, disejukkan
- ½ cawan santan
- ¼ cawan jus nanas
- 1 sudu besar madu atau gula (sesuaikan dengan rasa)
- kiub ais

ARAHAN:
a) Dalam gelas, gabungkan kopi yang dibancuh sejuk, santan, jus nanas dan madu atau gula.
b) Kacau rata untuk sebati dan larutkan pemanis.
c) Isikan gelas yang berasingan dengan kiub ais.
d) Tuangkan kopi ais tropika ke atas ais.
e) Kacau perlahan-lahan sebelum dihidangkan.
f) Nikmati sentuhan tropika pada kopi ais klasik!

PERASAAN TROPIKA

93. Salsa Nanas-Betik

BAHAN-BAHAN:
- 2 cawan nenas segar yang dicincang
- 1 betik masak, dikupas, dibiji, dan dipotong menjadi dadu 1/4 inci
- 1/2 cawan bawang merah kisar
- 1/4 cawan cilantro segar atau pasli yang dicincang
- 2 sudu besar jus limau nipis segar
- 1 sudu teh cuka sari apel
- 2 sudu teh gula
- 1/4 sudu teh garam
- 1 cili merah panas kecil, dibiji dan dikisar

ARAHAN:
a) Dalam mangkuk kaca, satukan semua bahan, gaul rata, tutup dan ketepikan pada suhu bilik selama 30 minit sebelum dihidangkan atau sejukkan sehingga sedia untuk digunakan.

b) Salsa ini lebih sedap jika digunakan pada hari yang sama ia dibuat, tetapi disimpan dengan betul, ia akan disimpan sehingga 2 hari.

94. Mangga Salsa

BAHAN-BAHAN:
- 2 biji mangga masak, potong dadu
- ½ cawan lada benggala merah dipotong dadu
- ¼ cawan bawang merah potong dadu
- 1 lada jalapeno, dibiji dan dicincang halus
- Jus 1 biji limau purut
- 2 sudu besar cilantro segar yang dicincang
- Garam dan lada sulah secukup rasa

ARAHAN:

a) Dalam mangkuk, satukan mangga potong dadu, lada benggala merah, bawang merah, lada jalapeno, jus limau nipis dan ketumbar.

b) Gaul rata dan perasakan dengan garam dan lada sulah.

c) Hidangkan bersama kerepek tortilla atau sebagai topping untuk ayam atau ikan bakar.

d) Nikmati salsa mangga yang menyegarkan dan masam!

95.Ketumbar Kelapa Chutney

BAHAN-BAHAN:
- 1 cawan daun ketumbar segar
- ½ cawan kelapa parut
- 1 cili hijau, dibuang biji dan dicincang
- 2 sudu besar jus lemon
- 1 sudu besar chana dal panggang (kacang cincang)
- 1 sudu besar kelapa parut (pilihan)
- Garam secukup rasa

ARAHAN:

a) Dalam pengisar atau pemproses makanan, satukan daun ketumbar, kelapa parut, cili hijau, jus lemon, chana dal panggang, kelapa parut (jika menggunakan), dan garam.

b) Kisar sehingga anda mendapat konsistensi yang licin dan berkrim.

c) Sesuaikan garam dan jus lemon mengikut citarasa anda.

d) Pindahkan ke dalam mangkuk hidangan dan sejukkan sehingga sedia untuk digunakan.

e) Hidangkan sebagai celup untuk samosa, dosas, atau sebagai taburan untuk sandwic.

96. Tamarind Chutney

BAHAN-BAHAN:
- 1 cawan pulpa asam jawa
- 1 cawan gula merah atau gula perang
- 1 sudu kecil serbuk jintan manis
- 1 sudu teh halia kisar
- ½ sudu teh serbuk cili merah
- Garam secukup rasa

ARAHAN:

a) Dalam periuk, satukan pulpa asam jawa, jaggery atau gula perang, serbuk jintan manis, halia kisar, serbuk cili merah dan garam.

b) Masukkan 1 cawan air dan biarkan adunan mendidih.

c) Kecilkan api dan biarkan mendidih selama kira-kira 15-20 minit, kacau sekali-sekala sehingga chutney pekat.

d) Keluarkan dari haba dan biarkan ia sejuk sepenuhnya.

e) Setelah sejuk, pindahkan ke dalam balang dan simpan di dalam peti sejuk.

f) Gunakan sebagai sos pencicah untuk samosa, dan pakoras, atau sebagai perasa untuk hidangan chaat.

97. Mentega Buah Markisa

BAHAN-BAHAN:
- 1 cawan mentega tanpa garam, dilembutkan
- ¼ cawan pulpa buah markisa
- 2 sudu besar gula halus
- 1 sudu teh ekstrak vanila

ARAHAN:
a) Dalam mangkuk adunan, satukan mentega lembut, pulpa buah markisa, gula tepung dan ekstrak vanila.
b) Gunakan pengadun elektrik atau pemukul untuk mengadun bahan sehingga sebati dan licin.
c) Pindahkan mentega buah markisa ke dalam balang atau bekas kedap udara.
d) Sejukkan selama sekurang-kurangnya 1 jam untuk membenarkan rasa bercampur.
e) Sapukan mentega buah markisa pada roti bakar, atau penkek, atau gunakannya sebagai topping untuk pencuci mulut.

98. Berpakaian Biji Betik

BAHAN-BAHAN:
- ¼ cawan biji betik
- ¼ cawan minyak zaitun
- 2 sudu besar cuka wain putih
- 1 sudu besar madu
- 1 sudu teh mustard Dijon
- Garam dan lada sulah secukup rasa

ARAHAN:
a) Dalam pengisar atau pemproses makanan, satukan biji betik, minyak zaitun, cuka wain putih, madu, mustard Dijon, garam dan lada.
b) Kisar sehingga adunan licin dan biji betik sebati.
c) Rasa dan sesuaikan perasa jika perlu.
d) Pindahkan pembalut biji betik ke dalam botol atau balang dengan penutup yang ketat.
e) Goncang sebati sebelum digunakan.
f) Siramkan sos di atas salad atau gunakannya sebagai perapan untuk daging panggang atau sayur-sayuran.

99. Sos BBQ Jambu Batu

BAHAN-BAHAN:
- 1 cawan pes jambu batu
- ½ cawan sos tomato
- 2 sudu besar kicap
- 2 sudu besar cuka epal
- 1 sudu besar gula perang
- 1 sudu besar sos Worcestershire
- 1 sudu teh paprika salai
- ½ sudu teh serbuk bawang putih
- Garam dan lada sulah secukup rasa

ARAHAN:
a) Dalam periuk, satukan pes jambu batu, sos tomato, kicap, cuka sari apel, gula perang, sos Worcestershire, paprika salai, serbuk bawang putih, garam dan lada sulah.
b) Masak dengan api perlahan, kacau sentiasa, sehingga pes jambu cair dan sos pekat.
c) Rasa dan sesuaikan perasa jika perlu.
d) Angkat dari api dan biarkan sos BBQ jambu sejuk.
e) Pindahkan ke dalam balang atau botol dan sejukkan sehingga sedia untuk digunakan.
f) Gunakan sos sebagai sayu untuk ayam panggang, atau tulang rusuk, atau sebagai sos pencicah untuk bebola daging atau lidi.

100. Sos Habanero Mangga

BAHAN-BAHAN:
- 2 biji mangga masak, dikupas dan dicincang
- 2 lada habanero, dibiji dan dicincang
- ¼ cawan cuka putih
- 2 sudu besar jus limau nipis
- 2 sudu besar madu
- 1 sudu kecil serbuk bawang putih
- Garam secukup rasa

ARAHAN:
a) Dalam pengisar atau pemproses makanan, satukan mangga cincang, lada habanero, cuka putih, jus limau nipis, madu, serbuk bawang putih dan garam.
b) Kisar sehingga anda mencapai konsistensi sos yang licin.
c) Pindahkan adunan ke dalam periuk dan biarkan mendidih dengan api sederhana.
d) Kecilkan api dan biarkan masak selama kira-kira 10-15 minit, kacau sekali-sekala.
e) Keluarkan dari api dan biarkan sos sejuk sepenuhnya.
f) Pindahkan sos habanero mangga ke dalam balang atau botol dengan penutup yang ketat.
g) Sejukkan sehingga sedia untuk digunakan.
h) Gunakan sos sebagai perasa pedas untuk daging panggang, dan sandwic, atau sebagai sos pencicah untuk lumpia atau sayap ayam.

KESIMPULAN

Semasa kami mengakhiri perjalanan kami melalui "Perayaan sebenar masakan tropika", kami berharap anda telah mengalami kegembiraan dan kemeriahan yang dibawa oleh masakan tropika. Setiap resipi dalam halaman ini adalah perayaan rasa yang direndam matahari, bahan-bahan eksotik dan semangat perayaan yang menentukan pengalaman masakan tropika.

Sama ada anda telah menikmati minuman berasaskan kelapa yang menyegarkan, merasai rempah ratus aromatik hidangan berinspirasikan Caribbean, atau menikmati kemanisan pencuci mulut buah-buahan tropika, kami percaya bahawa 100 resipi yang lazat ini telah membawa rasa syurga ke dapur anda. Di luar ramuan dan teknik, semoga intipati perayaan tropika kekal dalam hidangan anda, menambahkan sentuhan kegembiraan kepada usaha kulinari anda.

Sambil anda terus menerokai permaidani yang kaya dengan masakan tropika, semoga buku masakan ini memberi inspirasi kepada anda untuk menyemai makanan anda dengan tenaga dan rasa yang meriah dari pantai yang cerah. Berikut adalah perayaan muktamad masakan tropika, di mana setiap hidangan adalah percutian kulinari ke syurga. Bersorak untuk membawa kehangatan dan kegembiraan kawasan tropika ke meja anda!

www.ingramcontent.com/pod-product-compliance
Lightning Source LLC
Chambersburg PA
CBHW050150130526
44591CB00033B/1225